silencio:

...ertorriqueña

DISCARD

Judith Ortiz Cofer

Traducción de Elena Olazagasti-Segovia

PIÑATA BOOKS
HOUSTON, TEXAS
1997

This volume is made possible through grants from the National Endowment for the Arts (a federal agency), Andrew W. Mellon Foundation, the Lila Wallace-Reader's Digest Fund and the City of Houston through The Cultural Arts Council of Houston, Harris County.

Piñata Books are full of surprises!

Piñata Books

A Division of Arte Público Press
University of Houston
Houston, Texas 77204-2090

Cover illustration and design by Vega Design Group.

The paper used in this publication meets the requirements of the American National Standard for Permanence of Paper for Printed Library Materials Z39.48-1984. ∞

Bailando en silencio:

Escenas de una niñez puertorriqueña

Una mujer que escribe recuerda por medio de sus madres.
Virginia Woolf

Este libro está dedicado a mi madre, Fanny Morot Ortiz,
y a mi hija, Tanya Cofer.

Nota de la traductora

Por deseo expreso de la autora he eliminado ciertos nombres de personas y de lugares. He mantenido las palabras *Mother* y *Father* para los padres de la autora con el propósito de evitar confusiones, puesto que ella utiliza las palabras *Mamá* y *Papá* en español en el texto original para referirse a sus abuelos maternos.

Índice

Prólogo

Viaje a una tarde de verano

Según una persona se va poniendo mayor, los años de la niñez a menudo se consolidan convenientemente en una perfecta tarde de verano. Los acontecimientos se pueden proyectar en una pantalla azul pálido; las partes que nos causan dolor se pueden suprimir, y los momentos de alegría se pueden enfocar en un primer plano. Es nuestro espectáculo. Pero con todo eso en el piso de la sala de montaje, ¿qué queda por contar?

Virginia Woolf, cuya visión guió mis esfuerzos mientras trataba de recordar caras y palabras de la gente que son parte de mi "tarde de verano," escribió sobre el problema de escribir la verdad basándose en la memoria. En *Un bosquejo del pasado* dice: "Pero si pienso en mi madre, qué difícil es distinguirla como era en realidad; imaginar lo que pensaba, ponerle una frase en los labios". Ella acepta el hecho de que al escribir sobre su propia vida a menudo se tiene que confiar en esa combinación de memoria, imaginación y emoción fuerte que puede resultar en la "verdad poética". Al prepararse para escribir sus memorias, Woolf dijo: "Sueño, invento imágenes de una tarde de verano".

En uno de los ensayos de sus memorias "Momentos de vida," Woolf recuerda la figura de su hermosa y amada madre, quien murió mientras la autora todavía era pequeña, dejándole unos cuantos e inapreciables "momentos de vida" con los cuales la mujer madura tendría que armar una niñez. Y así lo hace no para exhibir su vida, con todo lo extraordinaria que fue, sino por la necesidad que la mayor parte de nosotros sentimos en un determinado momento de estudiarnos y de estudiar nuestra vida retrospectivamente; de entender la gente y los acontecimientos que nos moldearon (y, sí, aquello y aquéllos que nos hicieron sufrir, también).

De *Un bosquejo del pasado*: "Muchos colores brillantes; muchos sonidos inconfundibles; algunos seres humanos, caricaturas; varios momentos violentos de vida, donde siempre hay un círculo alrededor de la escena que quitaron: y todo rodeado por un espacio enorme— ésa es una descripción visual aproximada de la niñez. Así la concibo; así me veo a mí misma de niña..."

Este pasaje ilustra el acercamiento que yo estaba buscando al escribir sobre mi familia. Quería que los "ensayos" fueran, no simplemente la historia de la familia, sino también exploraciones creativas de territorio conocido. Quería trazar por medio de escenas basadas en mis "momentos de vida" los orígenes de mi imaginación creadora. Como escritora, estoy interesada, como todos los artistas, en la génesis de las ideas: ¿cómo empieza un poema?; ¿se puede poner en funcionamiento a voluntad?; ¿qué nos lleva a algunos de nosotros a examinar y reexaminar nuestra vida en poemas, cuentos, novelas, memorias?

Buena parte de lo que escribo empieza como una meditación sobre acontecimientos del pasado. Pero la memoria para mí es el punto de "partida"; ni en mi poesía ni en mi novelística soy esclava de la memoria. Me gusta creer que el poema o el cuento contiene la "verdad" del arte en lugar de la verdad objetiva, histórica, a la cual el periodista, el sociólogo, el científico —la mayor parte del resto del mundo— tienen que ceñirse. El arte me da esa libertad. Pero al escribir estos "ensayos" (la palabra me viene bien aquí porque se refiere a un ejercicio o práctica), me enfrenté con la posibilidad de que el pasado es mayormente una creación de la imaginación también, aunque hay hechos que se pueden investigar y confirmar.

La consagrada tarea del biógrafo se puede emplear en la vida de uno mismo también. Hay certificados de nacimiento, de matrimonio, de defunción en archivo, hay cartas y fotografías de familia en el escritorio o en el desván de alguien; y hay parientes que se han asignado el papel del genealogista o el vate de la familia, que relatan a la menor provocación la historia completa del clan. Una persona puede acudir a estas fuentes y producir una Vida en varios tomos que enorgullecerán a su madre y le darán la satisfacción de haber "conservado" algo. No estoy interesada en "enlatar" recuerdos sin embargo, y Woolf me dio el foco que necesitaba para justificar este trabajo. Su intención no es hacer la crónica de mi vida —la cual en mi caso todavía está "en progreso", ni hay tampoco ejecutorias extraordinarias que exhibir; ni tampoco tienen la intención de ser un récord de acontecimientos públicos e historias personales (de hecho, debido a que la mayor parte de los personajes en estos "ensayos" están basados en personas verdaderas y lugares reales, siempre que me pareció necesario proteger su identidad, cambié los nombres, lugares, etc.). Entonces, ¿cuál es el propósito de llamar a esta colección no-ficción o memorias? ¿Por qué no llamarla simplemente ficción? Una vez más debo regresar a mi mentora literaria para este proyecto, Virginia Woolf, para buscar una respuesta: como ella, quería tratar de conectarme con los hilos de las vidas que tuvieron que ver con la mía y que en algún momento se encontraron en el tapiz que es mi memoria de la niñez. Virginia Woolf entendía que el mero hecho de reclamar sus recuerdos podía proveerle a un escritor la confianza en el poder del arte para descubrir el significado y la verdad en acontecimientos comunes y corrientes. Ella era una viajera que viajaba a través del tiempo y veía el pasado como un lugar real adonde se podía regresar siguiendo las huellas que las emociones fuertes dejaron: "Creo que la emoción fuerte debe dejar su huella; y es sólo cuestión de descubrir cómo podemos conectarnos con ella, para poder vivir la vida desde el principio".

Éste fue el camino sinuoso de la memoria, marcado por emociones fuertes, que seguí en mis "ensayos" de una vida.

Casa

A las tres o a las cuatro de la tarde, la hora del café con leche, las mujeres de mi familia se reunían en la sala de Mamá a hablar de cosas importantes y a contar cuentos por millonésima vez, como si se los contaran con la intención de que nosotras, las niñas, sus hijas, las escucháramos. En la casa de Mamá (todo el mundo llamaba a mi abuela Mamá) había un salón construido por mi abuelo según las especificaciones exactas de su esposa de modo que siempre hacía fresco porque estaba orientado en contra del sol. La entrada estaba en el lado de la casa para que nadie pudiera entrar directamente en la sala. Primero se tenía que dar una vueltecita por su hermoso jardín donde unas orquídeas que habían ganado premios crecían en el tronco de un viejo árbol que ella había ahuecado para ese propósito. Este cuarto tenía varias mecedoras de caoba, adquiridas después del nacimiento de los hijos, y un sillón tallado que Mamá había heredado al morir su madre. Era en esas mecedoras que mi madre, sus hermanas y mi abuela se sentaban en aquellas tardes de mi niñez a contar sus cuentos, en los cuales se enseñaban una a otra, y a mi prima y a mí, lo que era ser mujer, más específicamente, una mujer puertorriqueña. Hablaban de la vida en la Isla, la vida en Los Nueva Yores, su forma de referirse a los Estados Unidos, desde New York City hasta California: el otro lugar, donde no era casa, todo daba igual. Contaban historias de la vida real, aunque según supe más adelante, siempre las adornaban con detalles dramáticos, pocos o muchos, y contaban cuentos, relatos moralizantes y aleccionadores que las mujeres de nuestra familia llevaban contando por generaciones: cuentos que formaron parte de mi subconsciente mientras iba creciendo en dos mundos, la isla tropical y la ciudad fría, y que más tarde surgirían en mis sueños y en mi poesía.

Uno de esos cuentos era sobre una mujer a quien abandonaron al pie del altar. A Mamá le gustaba contarlo con intensidad histriónica. Recuerdo cómo subía y bajaba la voz, sus suspiros, y el constante gesticular de sus manos, como dos pájaros que se precipitaban mientras ella hablaba. Este cuento en particular solía surgir en una conversación como resultado de que alguien mencionara un compromiso próximo o una boda. La primera vez que recuerdo haberlo escuchado estaba sentada en el piso a los pies de Mamá, haciendo que leía un libro de muñequitos. Tenía unos once o doce años: la edad difícil cuando una muchacha ya no es una niña a quien se le puede ordenar que salga del cuarto si las mujeres quieren libertad para hablar de temas prohibidos, ni lo suficientemente mayor como para ser considerada parte del cónclave. Lo único que podía hacer era sentarme calladita, haciendo que estaba en otro mundo, mientras lo absorbía todo en una especie de aceptación tácita de mi condición de oyente mudo. Ese día, Mamá había tomado en sus manos siempre atareadas mi larga y enmarañada melena. Sin bajar la cabeza para mirarme ni interrumpir el fluir de sus palabras, empezó a trenzarme el pelo, con la rapidez y la determinación que caracterizaban todas sus acciones. Mi madre nos miraba impasiblemente desde su mecedora al otro lado del salón. En sus labios había una sonrisita irónica. Nunca podía estarme quieta mientras ella se ocupaba de mí, pero aún entonces sabía instintivamente que no poseía el poder matriarcal de Mamá para dar órdenes y tener la atención de todo el mundo. Esto era particularmente evidente en el hechizo que caía sobre todos cuando ella contaba un cuento.

—Ya no es como era cuando yo era niña —anunciaba Mamá. —Entonces un hombre podía dejar a una muchacha parada ante el altar con un ramo de flores frescas en las manos y desaparecer de la faz de la tierra. Si era de otro pueblo, no había forma de encontrarlo. Podía ser casado, tal vez hasta con dos o tres familias en la Isla. No había forma de saberlo. Y había hombres que hacían esto. Hombres con el diablo en la carne que venían a un pueblo como éste, cogían un trabajo en una de las haciendas, sin tener ninguna intención de quedarse, tan sólo para pasarlo bien y seducir a las mujeres.

Todo el tiempo, mientras hablaba, Mamá tejía mi pelo en una trenza lisa que requería que separara dos secciones de pelo con tironcitos que me aguaban los ojos; pero como yo sabía que mi abuela detestaba el lloriqueo y las lágrimas de boba, como ella las llamaba, me sentaba tan derecha y tiesa como lo hacía en la escuela, donde las monjas hacían cumplir la buena postura con una regla de plástico flexible que hacían rebotar sobre los hombros caídos y las cabezas. Según progresaba el cuento de Mamá, noté que mi tía Laura había bajado los ojos, negándose a enfrentarse con la mirada intencionada de Mamá. Laura tenía diecisiete años, estaba en el último año de escuela secundaria y ya se había comprometido con un muchacho de otro pueblo que había hecho valer su derecho con una sortijita de brillantes y entonces se había ido a Los Nueva Yores a hacer su fortuna. Planeaban casarse en un año, pero Mamá había expresado serias dudas de que la boda se llevara a cabo algún día. A los ojos de Mamá, un hombre libre sin un contrato legal era un hombre perdido. Ella creía que el matrimonio no era algo que los hombres deseaban, sino simplemente el precio que tenían que pagar por el privilegio de tener hijos y, por supuesto, por lo que ninguna mujer decente (sinónimo de —lista—) daría a cambio de nada.

—María la Loca sólo tenía diecisiete años cuando le pasó lo que le pasó. Yo escuché con atención al oír su nombre. María era un personaje del pueblo, una mujer gorda de mediana edad, que vivía con su anciana madre en las afueras del pueblo. Se le veía por el pueblo llevando los pasteles que las dos mujeres hacían para ganarse la vida. Lo que me parecía más extraño de María era que hablaba y se movía como una niñita, aunque era gruesa y tenía la cara arrugada de una anciana. Movía las caderas en una forma exagerada y propia de un payaso, y a veces se iba dando saltos a la casa de alguien. No hablaba con nadie. Ni siquiera si se le hacía un pregunta, sólo miraba a la persona y sonreía, enseñando sus dientes amarillos. Pero yo había oído que si uno se le acercaba, se le podía escuchar tarareando una melodía sin palabras. Los muchachos le gritaban cosas desagradables, la llamaban La Loca, y los hombres que frecuentaban la bodega para jugar al dominó a veces le silbaban burlonamente cuando ella les pasaba por el lado con su caminar extraño y extravagante. Pero María parecía insensible a todo, al llevar su canasta de pasteles como una grotesca Caperucita Roja por el bosque.

María la Loca me interesaba, como todos los excéntricos y "locos" de nuestro pueblo. Su rareza era la medida que yo usaba en mi seria búsqueda de una definición de "normal". Como hija mimada de un marino, iba y venía de New Jersey al pueblo y mis semejantes me hacían sentir constantemente como una persona rara, burlándose de mi acento en las dos direcciones: acento español cuando hablaba inglés y, cuando hablaba español, me decían que sonaba como una "gringa". El ser forasteros nos había convertido a mi hermano y a mí en camaleones culturales, y habíamos desarrollado desde temprano la capacidad de perdernos en una muchedumbre, de sentarnos a leer en silencio en un apartamento del quinto piso de un edificio por días y días cuando hacía demasiado frío para jugar afuera; o liberados, hacíamos lo que nos daba la gana en el reino de Mamá, donde ella se ocupaba de nuestras vidas, liberando a mi madre por un rato del miedo intenso que sentía por nuestra seguridad que las ausencias de nuestro padre habían inculcado en ella. Para mantenernos fuera de peligro cuando papá estaba lejos, *Mother* nos mantenía bajo estrecha vigilancia. Incluso nos llevaba y nos iba a buscar a la Escuela Pública número 11, a la cual asistíamos durante los meses que vivíamos en Paterson, New Jersey, nuestra base en los Estados Unidos. Mamá nos soltaba a los tres como a palomas encerradas en una jaula. Yo la veía como mi liberadora y mi modelo. Sus cuentos eran parábolas de las cuales se podía desprender la Verdad.

—María la Loca fue una muchacha bonita una vez. Todos pensaban que se casaría con el hijo de los Méndez. Como todos sabían, Rogelio Méndez no era otro que el hombre más rico del pueblo. —Pero— Mamá continuaba, tejiendo mi pelo con la misma intensidad que ponía en su cuento —ese macho se burló de ella y le arruinó la vida. Hizo una pausa para el efecto de la palabra macho, que para entonces todavía no se había convertido en epíteto popular para un hombre no liberado. Esta palabra tenía para nosotros la connotación cruda y cómica de "macho de la especie", semental; un macho era lo que se ponía en un corral para aumentar el ganado.

Me asomé por encima del libro de muñequitos para mirar a mi madre. Ella también estaba bajo el hechizo de Mamá, sonriendo conspiratoriamente ante esta pequeña paliza que Mamá les estaba dando a los hombres. En esa área estaba a salvo del desprecio de Mamá. Se había casado joven, una oveja inmaculada, y había sido aceptada por una familia buena de españoles estrictos cuyo nombre era antiguo y respetado, aunque su fortuna se había perdido mucho tiempo antes de que yo naciera. La hija mayor de Mamá, Tía Nena, estaba sentada en una mecedora que Papá había pintado de azul celeste. Madre de tres hijos,

madrastra de dos más, era una mujer callada a quien le
gustaban los libros pero se había casado con un viudo de
carácter rígido cuyo interés principal en la vida era acumu-
lar dinero. Él también estaba en el continente trabajando
en su sueño de regresar rico y triunfante a comprar la
finca de sus sueños. Ella esperaba que él la mandara a buscar. Habría de dejar a los hijos con Mamá por varios años
mientras los dos sudaban la gota gorda trabajando en
fábricas. Un día él sería un hombre rico y ella, una mujer
más triste. Ahora mismo su luz vital se estaba apagando.
Hablaba poco, una aberración en casa de Mamá, y leía ávi-
damente, como si almacenara alimento espiritual para los
largos inviernos que le esperaban en Los Nueva Yores sin
su familia. Pero hasta la Tía Nena volvía a la vida con las
palabras de Mamá, meciéndose suavemente con las manos
sobre el libro grueso que tenía en la falda. Su hija, mi
prima Sara, jugaba a los jacks sola en el piso de losetas del
balcón, fuera del salón donde estábamos sentadas. Era un
año mayor que yo. Compartíamos una cama y todos los
secretos de nuestra familia. Colaboradoras en la búsqueda
de respuestas, Sara y yo discutíamos todo lo que les
oíamos decir a las mujeres, tratando de que todas las
piezas cayeran en su lugar como un rompecabezas que una
vez armado nos revelaría los misterios de la vida. Aunque
todavía disfrutábamos de participar en juegos de niños—
el esconder, el volibol y los vaqueros, la versión isleña de
vaqueros e indios que incluía batallas con pistolas de ful-
minantes y violentos tiroteos bajo el mangó del patio de
Mamá. Lo que más nos gustaba eran las horas tranquilas
por la tarde cuando los hombres todavía estaban trabajando y los muchachos se habían ido a jugar al béisbol en
serio en el parque. Entonces la casa de Mamá nos
pertenecía únicamente a las mujeres. El aroma del café
colado en la cocina, los crujidos hipnóticos de los sillones y
las mujeres que relataban su vida en cuentos están tejidos
para siempre en la tela de mi imaginación, trenzados como

mi pelo aquel día en que sentí que las manos de mi abuela me enseñaban lo que era fuerza y que su voz me convencía del poder de contar cuentos.

Ese día Mamá contó cómo la hermosa María había caído presa de un hombre cuyo nombre nunca era el mismo en versiones subsiguientes del cuento; una vez era Juan, otra José, Rafael, Diego. Entendíamos que ni el hombre, ni en realidad ninguno de los hechos, eran importantes, sólo que una mujer había permitido que el amor la derrotara. Mamá nos puso a cada una de nosotras en el lugar de María al describir con regodeo su vestido de novia: cómo parecía una princesa en su encaje mientras esperaba ante el altar. Entonces, según Mamá se acercaba al desenlace trágico de su cuento, me distrajo el sonido que hacía mi tía al mecerse violentamente. Parecía estar al borde de las lágrimas. Ella sabía que la fábula iba dirigida hacia ella. Esa semana iba a ir a que le midieran el vestido de novia, aunque no se había fijado una fecha definitiva para la boda. Mamá no prestaba atención a la evidente incomodidad de mi tía, mientras sacaba una cinta del costurero que tenía al lado de su sillón y describía la larga enfermedad de María "una fiebre que no le cedió por días". Se refirió a una madre desesperada: "Esa mujer subía los escalones de la iglesia de rodillas todas las mañanas, vestía únicamente de negro como promesa a la Virgen Bendita a cambio de la salud de su hija. Para cuando María regresó de su luna de miel con la muerte, estaba arrebatada, ni joven ni cuerda. Como pueden ver, ya está casi tan vieja como su madre", se lamentaba Mamá mientras ataba la cinta a las puntas de mi pelo, halándolo con tanta fuerza que supe que nunca más podría volver a cerrar los ojos completamente.

—Esa María está más loca con cada día que pasa—. La voz de Mamá ahora adquiría un tono más ligero, expresando satisfacción, ya fuera por la perfección de mi trenza o por un cuento bien contado; era difícil decir. —¿Ustedes

saben esa melodía que ella está tarareando siempre?—
Contagiada por su entusiasmo traté de decir que sí con la
cabeza, pero Mamá todavía me tenía sujeta entre sus rodillas.

—Bueno, ésa es la marcha nupcial. Para sorpresa de
todas nosotras, Mamá se puso a cantar: —Ta, ta, tará... ta,
ta, tará—. Entonces me levantó alzándome por los hombros flaquitos y me llevó dando vueltas por el salón en un
vals improvisado; otra sesión que terminaba con la risa de
las mujeres, todas contagiadas con el chiste de nuestras
vidas.

La mujer a quien dejaron ante el altar

Ella llama a su sombra Juan,
mirando hacia atrás a menudo mientras camina.
Se ha puesto gorda y sus pechos son enormes
como cisternas. Una vez se abrió la blusa
en la iglesia para mostrarle al pueblo enmudecido
lo buena madre que podía ser.
Desde que su anciana madre murió, enterrada de negro,
vive sola.
Del encaje hizo cortinas para su cuarto,
tapetes, del velo. Ahora están
amarillos como la malaria.
Se cuelga pollos vivos de la cintura para venderlos,
camina al pueblo columpiando sus faldas de carne.
No habla con nadie. Los perros siguen
el olor de sangre que ha de ser derramada.
En sus ojos hambrientos y amargados ve la cara de él.
Lo pasa por el cuchillo una y otra vez.

Más espacio

La casa de mi abuela es como un nautilo; tiene muchos cuartos, aunque no es una mansión. Sus proporciones son pequeñas y su diseño es sencillo. Es una casa que ha crecido orgánicamente, según las necesidades de sus habitantes. Todos en la familia la conocen como la casa de Mamá. Es el lugar de nuestro origen; la etapa de nuestros recuerdos y sueños de la vida en la Isla.

Recuerdo que en mi niñez estaba en zancos; esto era antes de que tuviera un piso inferior. Descansaba en su percha como una gran ave azul, no de las que vuelan, más bien como una gallina echada, pero con las alas desplegadas. Abuelo la había construido poco después de su boda. Construía casas y era pintor de oficio; poeta y meditador por naturaleza. Según fueron naciendo los ocho hijos, se añadieron nuevos cuartos. Después de varios años, la pintura no era exactamente la misma, ni los materiales, así que había una cronología, como los anillos de un árbol, y con ella Mamá podía contarle a una persona la historia de cada cuarto de su casa y la genealogía de la familia.

Su cuarto era el corazón de la casa. Aunque lo he visto recientemente, y tanto la mujer como el cuarto se han empequeñecido, cambiados por la nueva perspectiva de mis ojos, ahora capaces de mirar por encima de los mostradores y las camas altas, no es el retrato que llevo en mi memoria de la casa de Mamá. En su lugar, veo su cuarto como la recámara de una reina donde una mujer bajita cobraba mucha importancia, un cuarto del trono con una maciza cama de pilares en el centro que superaba la estatura de un niño. Era en esa cama, donde sus propios hijos habían nacido, que al menor de sus nietos se le permitía tomar la siesta por las tardes; aquí también era donde Mamá se encerraba a repartir consejos en privado a sus hijas, sentada en el borde de la cama, mirando hacia abajo a cualquier persona que estuviera sentada en el sillón donde se había dormido a generaciones de bebés cantándoles. A mí me parecía una emperatriz sabia salida de los cuentos de hadas que yo leía como una adicta.

Aunque la cama de caoba dominaba el cuarto, también contenía los símbolos de poder de Mamá. En su cómoda, en lugar de cosméticos, había potes llenos de hierbas: yerba buena, yerba mala, los ingredientes de purgantes y tés a los cuales todos fuimos sometidos durante crisis en la infancia. Ella tenía una taza humeante para todo el que no podía o no quería enfrentarse a la vida un día en particular. Si el malsabor ácido que dejaban sus curas por fingirse enfermo no lo sacaban a uno de la cama, entonces era hora de llamar al doctor.

Y allí estaba el monstruoso ropero que ella mantenía cerrado con una llavecita de oro que no escondía. Ésta era una prueba de su poder sobre nosotros; aunque mis primos y yo queríamos más que nada echarle una mirada al interior del macizo guardarropa, nunca le echamos mano a esa llavecita que reposaba sobre su Biblia en el tocador. Allí también ponía las pantallas y el rosario por la noche. La palabra de Dios era su sistema de seguridad. Este ropero era el lugar donde yo me imaginaba que ella guardaba joyas, zapatillas de raso y elegantes vestidos de seda y lentejuelas cuya delicadeza desgarraba el corazón. Yo deseaba esos vestidos imaginarios. Había oído decir que Mamá había sido una gran belleza en su juventud y la beldad de muchos bailes. Mis primos tenían otras ideas acerca de lo que ella guardaba en esa bóveda de madera: su secreto podía ser dinero (Mamá no les daba dinero en efectivo a extraños y ni hablar de los bancos, así que había cuentos de que el colchón estaba relleno de dólares y que ella escondía monedas en potes en el jardín, debajo de los rosales, o que los guardaba en su ropero inviolado); allí podía estar la pistola legendaria que se salvó del conflicto hispanoamericano en la Isla. Nos volvíamos locos inventándonos tesoros sencillamente porque los niños tienen que llenar los baúles con algo maravilloso.

En la pared encima de la cama colgaba un pesado crucifijo de plata. La cabeza de Cristo agonizaba colgando directamente sobre la almohada de Mamá. Yo evitaba mirar esta arma suspendida sobre el lugar donde ella pondría la cabeza; y en las raras ocasiones en que se me permitió dormir en esa cama, corrí rápidamente hacia el centro del colchón, donde la huella de su cuerpo me acogía como un regazo materno. Tras haberse cumplido con la obligada decoración religiosa con un crucifijo, Mamá cubría las otras paredes con objetos enviados por sus hijos de los Estados Unidos a lo largo de los años. Los Nueva Yores estaban representados, entre otras cosas, por una postal de las Cataratas del Niágara que le había enviado su hijo Hernán, con matasellos de Buffalo, NY. En un llamativo marco dorado colgaba una foto grande a colores de su hija Nena, su esposo y sus cinco hijos a la entrada de *Disneyland,* en California. De nosotros había recibido un abanico de encaje negro. *Father* se lo había traído de un viaje de trabajo con la Marina por Europa (los domingos lo descolgaba del gancho en la pared para abanicarse en la misa). Cada año se añadían más objetos según crecía y se dispersaba la familia, y cada objeto en el cuarto tenía un cuento que Mamá le contaría a cualquiera que hubiera recibido el privilegio de un día a solas con ella. Casi valía la pena fingir que se estaba enfermo, aunque los amargos purgantes de hierbas eran un alto precio que había que pagar por los reavivamientos del espíritu que producían sus cuentos.

Mamá dormía sola en su camota, excepto por las veces en que a un nieto enfermo se le concedía el privilegio, o cuando una hija con el corazón destrozado venía a la casa necesitada de algo más que tés de hierbas. Hay en la familia un cuento sobre cómo esto llegó a ser así.

Cuando una de las hijas, mi madre o alguna de sus hermanas, hace el cuento de cómo Mamá llegó a ser dueña de sus noches, suele ir precedido de la advertencia de que el exilio de Papá del cuarto de su esposa no fue el resultado de animosidad entre la pareja, sino que la acción había sido el golpe de estado incruento de Mamá por su libertad personal. Papá era el benevolente dictador del cuerpo de Mamá y de su vida, y tuvo que ser expulsado de su cuarto para que ella pudiera servir mejor a su familia. Antes del cuento, teníamos que estar de acuerdo con que el anciano no tenía la culpa. Todos en la familia reconocíamos que Papá era un alma de Dios, cuyos principales placeres en la vida, como escribir poesía y leer las ediciones en español del *Reader's Digest* de letra grande, siempre se desarrollaban fuera del vórtice de los poblados dominios de Mamá. No era su culpa, después de todo, que cada año más o menos sembrara la semilla de un bebé en el fértil cuerpo de Mamá, privándola de llevar la vida activa que ella necesitaba y deseaba. Él la amaba y amaba a los bebés. Papá componía odas y letras para celebrar nacimientos y aniversarios, y contrataba músicos que lo acompañaran a cantárselos a su familia y amigos en extravagantes barbacoas de lechón que él celebraba todos los años. Mamá y las hijas mayores trabajaban durante días en la preparación de la comida. Papá se pasaba las horas en su ranchito de pintor, al mismo tiempo su estudio y biblioteca, componiendo las canciones. En esas celebraciones también era famoso por sus largos discursos de alabanza a Dios, su fecunda esposa y su amada Isla. Como hija del medio, mi madre recuerda estas ocasiones como una época en que las mujeres se sentaban en la cocina y lamentaban sus cargas, mientras los hombres festejaban en el patio, alzando las voces entorpecidas por la bebida en canciones y alabanzas mutuas, todos compañeros.

Fue después del nacimiento del octavo hijo, después de haber perdido tres al nacer o en la infancia, que Mamá tomó la decisión. Dicen que Mamá había tenido una forma especial de hacerle saber a su esposo que iban a tener un hijo, forma que había empezado cuando, al comienzo de su matrimonio, él le había construido una casa que para su gusto la limitaba demasiado. Así, cuando ella se enteró de que estaba encinta por primera vez, al parecer hizo los planos para otro cuarto, que él llevó a cabo debidamente. Cada vez que iba a llegar otro hijo, ella ordenaba: más espacio, más espacio. Papá accedía a sus deseos, hijo tras hijo, ya que había aprendido temprano que el reconocido temperamento de Mamá era algo que crecía como un monstruo según le crecía el vientre. De este modo Mamá obtuvo la casa que quería, pero con cada hijo perdía ánimo y energía. Conocía su cuerpo y se daba cuenta de que si tenía más hijos, tendría que olvidarse para siempre de sus sueños y sus planes porque sería una enferma crónica, como Flora, quien tras doce hijos padecía de asma, no tenía dientes y pasaba más tiempo en cama que en pie.

Y así, después de que mi tío menor nació, ella le pidió a Papá que construyera un cuarto grande detrás de la casa. Él así lo hizo con gozosa anticipación. Mamá le había pedido cosas especiales esta vez: tablillas en las paredes, una entrada privada. Él pensó que ella quería que este cuarto fuera una habitación donde varios niños pudieran dormir. Le pareció una idea maravillosa. Lo pintó de su color favorito, el azul celeste, y le hizo ventanas grandes que daban hacia una colina verde y se veían al fondo las agujas de la iglesia. Pero no pasaba nada. El vientre de Mamá no crecía a pesar de que ella estaba en actividad frenética por toda la casa. Por fin, Papá se le acercó ansioso a su esposa para decirle que el cuarto nuevo estaba terminado y listo para ser ocupado. Y dicen que Mamá le contestó: "Qué bien: es para ti".

Y así fue que Mamá descubrió el único modo de control de la natalidad disponible para una mujer católica de su época: el sacrificio. Renunció al bienestar del amor sexual de Papá por algo que consideraba más grande: el derecho a poseer y a controlar su cuerpo para poder vivir para conocer a sus nietos —yo entre ellos— para poder darse más a los que ya estaban allí, para poder ser más que un canal para otras vidas, para que aún ahora, cuando el tiempo le ha robado elasticidad a su cuerpo y cuando la asombrosa energía ha mermado en su depósito, todavía emanara la clase de gozo que sólo se puede alcanzar viviendo según los dictados del corazón.

Reclamaciones

La última vez que la vi, Abuela
se había cosido como una carpa de beduino.
Había reclamado el derecho
a dormir sola, a poseer
sus noches, a nunca más llevar
la carga del sexo, ni a aceptar
el regalo de su placer, por el lujo
de estirar sus huesos.
Había estado encinta de ocho hijos,
tres se habían hundido en su vientre, náufragos,
los llamaba, bebés que se habían ido a pique
ahogados en sus aguas negras.
Los hijos se hacen en la noche y
te roban los días
por el resto de tu vida, amén. Le decía esto
a cada hija una tras otra. Una vez
había hecho un pacto con el hombre y la naturaleza
y lo mantuvo. Ahora, como el mar,
está reclamando su territorio.

Hablando con los muertos

Mi abuelo es un espiritista Mesa Blanca. Esto quiere decir que tiene la capacidad de comunicarse con el mundo de los espíritus. Y debido a que casi todo el mundo tiene una petición o queja que hacer desde el Otro Lado, en una época Papá era un hombre muy solicitado en nuestro pueblo. Su actitud humilde y modales amables ayudaron a acrecentar su popularidad entre las matronas refinadas que preferían consultar con él en lugar de acudir a los santeros ruidosos que, según Papá, se ganaban la vida por medio del espectáculo y las artes del diablo. La santería, como el vudú, tiene sus raíces en los ritos de sangre africanos, que sus devotos practican con gran fervor. El espiritismo, por otro lado, llegó a la Isla vía la clase media que lo había descubierto mientras florecía en Europa durante el período conocido como "la crisis de la fe" del siglo pasado. Poetas como Yeats pertenecían a sociedades cuyos miembros buscaban respuestas en el mundo invisible. Papá, poeta y músico cuando no estaba construyendo casas, tenía el don de la clarividencia o facultades, como se les llamaba en el espiritismo. No es un don gratis, sin embargo: ser un médium espiritista requiere pasar por pruebas de las habilidades que se poseen.

La prueba más difícil para Papá debe haber sido vivir en la misma casa con Mamá, una mujer práctica que creía únicamente en lo que sus sentidos registraban. Si los ojos de Papá estaban cerrados, eso quería decir que el desocupado de su esposo estaba durmiendo otra vez en medio del día. Sus estados visionarios y el escribir poesía eran, yo había oído decir, la principal razón de que Mamá, desde temprano en su vida de casada, hubiera decidido que su esposo debía "llevar los pantalones" en la familia sólo en el sentido literal de la expresión. Ella lo consideraba "un caso perdido", etiqueta que le ponía a cualquier miembro de la familia cuyo impulso y energía no se comparaban a los de ella. Nunca cambió de opinión sobre el hecho de que él escribiera poesía, según ella la perdición de Papá, lo que no le había permitido hacerse rico, pero aprendió a respetar sus facultades después de un incidente que no pudo despachar fácilmente ni explicar.

Aunque Papá se había ido ganando una reputación durante varios años como un médium eficaz, sus dones no habían hecho que su posición cambiara en casa de Mamá. En un momento determinado por su esposa había sido desterrado a la parte de atrás de la casa a continuar sus intereses y en cuanto a la política familiar, su posición era una de callado asentimiento a las sabias decisiones de su esposa. Él se podía haber rebelado contra esta situación: En la sociedad puertorriqueña, el hombre es un dios en miniatura en su hogar. Pero Papá, un hombre amable y sabio, prefirió la táctica del dejar hacer. La ira de Mamá podía evitarse fácilmente manteniendo sus libros y su práctica de espiritista fuera de su vista. Y se ganaba la vida bastante bien diseñando y construyendo casas.

En su cuarto en la parte de atrás de la casa soñaba e interpretaba sus sueños. Allí también recibía a los necesitados espiritualmente: las viudas recientes, las mujeres que habían perdido hijos y los ancianos que habían comenzado a hacer planes para la otra vida. Las voces se mantenían bajas durante estas consultas. Lo sé por haberme sentado en el pasillo fuera de su puerta cuando era niña, haciendo un esfuerzo por escuchar lo que me imaginaba que debía estar pasando adentro —aullidos de los poseídos, muebles que enojados fantasmas arrojaban— ideas que yo había aprendido de películas como *Abbot y Costello se encuentran con la Momia*, y por malinterpretar las conversaciones de los adultos. Pero las sesiones de Papá eran más parecidas a sesiones de consulta. A veces se trataba del sonido de una persona mayor que sollozaba —algo atemorizador para un niño— y entonces la voz bondadosa y persuasiva de Papá. Aunque la mayor parte de las veces yo no podía descifrar las palabras, reconocía el tono de compasión y de apoyo que él les ofrecía. En ocasiones dos voces o más se unían en un cántico. Y el acre olor a incienso que se colaba a través de la puerta cerrada hacía que mi imaginación se avivara con visiones de apariciones que danzaban sobre la mesa, en espera de hablar con sus seres queridos por medio de él. A veces yo misma, en una especie de trance, empezaba a recitar un Padre Nuestro, respondiendo automáticamente a la conocida experiencia de voces que se unían en oración y al olor de incienso que asociaba con la iglesia. Lo que Papá llevaba a cabo en su cuarto era una ceremonia de curación. Si alguna vez se comunicó con los muertos, no lo puedo decir, pero los heridos en el espíritu venían a él y él los atendía y les aseguraba que la muerte no era una pérdida permanente. Él creía con toda la pasión de su corazón de poeta y tenía la capacidad de convencer a otros, de que lo que nos esperaba después del largo día de nuestras vidas era una reunión familiar en la extensa plantación de Dios. Yo creo que él veía el cielo como una isla muy similar a Puerto Rico, excepto sin las injusticias del trabajo agotador, la pérdida y el sufrimiento que sólo podía justificar ante sus seguidores como su prueba en este lado del paraíso.

La prueba más grande de Papá vino cuando su hijo del medio, Hernán, desapareció. A la edad de dieciocho años, Hernán había aceptado un pasaje "gratis" a los Estados Unidos que le había dado un hombre que reclutaba trabajadores. Fue una época muy difícil para la familia y, a regañadientes, Mamá le había dado permiso a Hernán para que se fuera. Papá, por otro lado, y fuera de lo que lo caracterizaba, se había declarado en contra de la aventura.

Había tenido sueños, pesadillas, en los que veía a Hernán en la cárcel, sufriendo torturas a manos de unos encapuchados. Mamá despachaba sus temores diciendo que eran fantasías, echándole la culpa de las premoniciones de Papá al acostumbrado exceso de lectura. Hernán había sido un adolescente alocado y Mamá pensaba que era hora de que se hiciera trabajador. Y entonces Hernán se fue de la Isla, prometiendo que les escribiría a sus padres inmediatamente, y no se supo de él más durante meses. Mamá se volvió loca de la preocupación. Hizo que amigos y familiares, cualquiera que tuviera un contacto en los Estados Unidos, se unieran en la búsqueda de su hijo. Consultó con la policía y con abogados, y hasta le escribió al gobernador, cuya secretaria le contestó que las autoridades investigaban el reclutamiento de trabajadores puertorriqueños por parte de agricultores en el continente debido a la posibilidad de prácticas ilegales. Mamá empezó a tener pesadillas en las que veía que maltrataban a su hijo y hasta peor. Papá permanecía en vela con ella durante muchas de sus desesperadas vigilias. Decía poco, pero mantenía sus manos sobre la *Biblia,* y a menudo parecía que hablaba consigo mismo en un trance. Por primera vez Mamá no lo ridiculizaba. Posiblemente estaba demasiado embebida en su desesperación. Entonces una noche, Papá se levantó de su silla abruptamente y salió corriendo hacia su cuarto donde, con su lápiz de carpintero, empezó a dibujar algo en el mantel blanco de su mesa especial. Mamá lo siguió, pensando que su esposo había enloquecido de sufrimiento por el hijo. Pero al ver la concentración en su cara —parecía iluminada por una luz interior, después le dijo a alguien— se paró a su lado por lo que pareció una eternidad. Cuando terminó, alumbró la mesa con una vela y empezó a explicar el cuadro como para sí mismo. —Está en un lugar bien al norte. Un lugar sin nombre. Es un lugar que sólo se puede encontrar si se ha estado allí. Mira, hay cultivos de productos. Frutas, tal vez.

Frutas dulces. No están listas para ser recogidas todavía. Hay luces a la distancia. Y una verja alta. Hernán duerme aquí entre las luces. Esta noche está soñando conmigo. Está solo y atemorizado, pero no está enfermo ni herido. Mamá empezó a ver las cosas que Papá describía en las gruesas líneas de lápiz que había trazado en el mantel. Su mente se volvió un mapa de recuerdos, retazos de información, líneas de cartas que ella había recibido a lo largo de los años, tarjetas de Navidad enviadas desde lugares extraños por una docena de sobrinos, o los hijos de los vecinos —jóvenes para quienes ella había sido una segunda madre— hasta que recordó lo siguiente: unos años antes de la salida de Hernán, el hijo de Alicia (la hermana mayor de Mamá) también había sido "reclutado" como trabajador. Como a Hernán, no se le había informado exactamente adónde iba, sólo que a otro Nueva York, no la ciudad. A diferencia de su propio hijo, el sobrino había escrito a la casa para decir que había estado recogiendo fresas y que no le gustaba el trabajo. Poco después, se había mudado a una ciudad cerca de la finca donde había trabajado durante una estación. Allí se había casado y se había establecido. Alicia sabría el nombre del lugar. Pero Papá había dicho que el lugar no tenía nombre. Mamá decidió proseguir con la única premonición que jamás dejó entrar en su mente práctica.

A esa hora de la madrugada, todavía no había amanecido, los dos salieron para el campo, donde vivía Alicia; Papá iba armado de su *Biblia* y el símbolo de su vocación: un palo de caoba que él había tallado en forma de varita. Cada espiritista debe hacer uno y llevarlo consigo al hacer visitas a domicilio. Es hueco y a veces se llena de agua bendita para alejar "las malas influencias", pero Papá llevaba en el suyo un puñado de tierra del lugar de su nacimiento, tal vez porque su vocación de médium era más que nada la elección de una misión hecha por un poeta: una necesidad de aceptar la mortalidad mientras luchaba por la permanencia. Como fuera, ese palo lleno de tierra era la única arma que le vi llevar a Papá. Esa mañana él y su esposa caminaron juntos en silencio, un suceso raro: para Mamá, los largos silencios eran un vacío que su naturaleza aborrecía. Ese día regresaron con la esperanza en la forma de un número de teléfono.

Después de mandar a buscar al maestro de inglés de la escuela secundaria para que sirviera de intérprete, llamaron a la ciudad de Buffalo, Nueva York. El sobrino de Mamá les dijo que él iba a empezar a buscar a Hernán en la finca en seguida. Dijo que todo el mundo le decía al lugar simplemente "la finca".

Resultó que Hernán estaba en la finca. La situación era muy mala. Los trabajadores habían sido traídos allí por un agricultor inescrupuloso que mantenía a los hombres (la mayor parte de ellos eran muy jóvenes y no sabían hablar inglés) desconocedores de su exacta localización. Vivían en casetas mientras esperaban que la fruta estuviera lista para ser recogida. Aunque se les había dado comestibles, el coste se les descontaba del sueldo, así que para cuando les pagaban, ya se lo debían todo al agricultor. A los trabajadores se les dijo que allí no se recogía el correo y que tenían que llevarlo a la ciudad más cercana después de la cosecha. Aunque Hernán y muchos de los otros hombres protestaron y amenazaron con irse a la huelga, sabían que eran prácticamente prisioneros y que tendrían que esperar una oportunidad para escapar. El sobrino de Mamá tenía conexiones en Buffalo y fue capaz de convencer a un trabajador social de que lo acompañara a la finca donde encontró a Hernán deseoso de encabezar el éxodo. Sin embargo, no fue tan fácil. Pasaron muchos días antes de que se iniciara una investigación que reveló la intriga detrás de la finca y muchas otras como ella basadas en el reclutamiento fraudulento de jóvenes. Pero se había encontrado a Hernán. Y Mamá aprendió a respetar, ya que no a reconocerlo en público, el don de la clarividencia de su esposo.

Le rindió tributo a su manera bordándole una tela nueva para su mesa blanca en un diseño basado en los dibujos de aquella noche. Lo hizo con hilo blanco en la tela blanca, así que había que acercarse bien al diseño para verlo.

Pintor de casas

Las manchas están incrustadas profundamente
en las arrugas de sus dedos,
y la pintura no va a salir.
Lo último que pintó fue una casa
en lo alto de una colina
para una anciana que se estaba quedando ciega
que quería que se confundiera con el cielo.
Le llevó dos semanas de trabajar solo,
y el azul, un tono demasiado oscuro,
sobresalía contra el horizonte
como una nube de tormenta, pero como las nubes
también se habían acumulado sobre sus ojos,
ella nunca lo supo.
El me explicó su vida,
cuando era una niña sentada en la falda de mi abuelo
preocupada por sus manos manchadas únicamente
porque me impedían que buscara tesoros
en su cobacha de pintor, donde
las latas en las tablillas
derramaban esmalte por las tapas
como lágrimas que bajan por la cara de un payaso.

La Virgen Morena

En la foto de su boda, mis padres parecen niños vestidos de adultos. Y lo son. Mi madre iba a cumplir quince años en dos semanas; le había pedido prestado un vestido de novia a una parienta, una joven alta que había enviudado recientemente por la guerra de Corea. Por razones sentimentales había decidido no alterar el vestido y cuelga torpemente del cuerpo delgado de mi madre. La tiara está torcida sobre los rizos negros apretados porque se había golpeado la cabeza al salir del carro. Tiene una expresión de ligero asombro y parece que está haciendo pucheros, como si estuviera considerando echarse a llorar. Mi padre está de pie a su lado, serio, vestido con su traje de graduación de escuela secundaria. La sostiene por el codo como el fotógrafo le había indicado que lo hiciera; sus ojos miopes miran de frente ya que no tiene puestos sus espejuelos con montura de alambre. Sus rizos castaño claro enmarcan su rostro querubínico y bien lavado; su apariencia pálida y erudita contrasta con la belleza sensual de su desposada, su piel oscura y rasgos sensuales. Ninguno de los dos parece interesado particularmente en el otro. Están posando a regañadientes. La fotografía será prueba de que hubo una boda de verdad. Llegué más de un año después, así que no fue una boda forzada. De hecho, ambas familias se habían opuesto al matrimonio por varias razones, pero sólo sirvió para descubrir lo inflexibles que pueden ser los muchachos enamorados.

Las familias de mis padres representan dos linajes culturales y filosóficos completamente opuestos en mi pueblo. Los parientes de mi madre, de quienes se decía que habían emigrado originalmente de Italia, eran agricultores. Mis primeros recuerdos están imbuidos del olor de la tierra oscura y húmeda, y la imagen de granos rojos de café que crecían en hileras en la ladera montañosa de la finca de mi bisabuelo. Por el lado de mi padre hay cuentos de mito y decadencia. Su gente había llegado de España trayendo cuentos de riqueza y títulos, pero de lo único que me daba cuenta de niña era de que mi abuelo había muerto de alcoholismo y maldad pocos meses antes de yo nacer, y que les había prohibido a su esposa y a sus hijos que mencionaran sus antecedentes familiares en su casa, bajo amenaza de violencia.

Mi padre era un hombre serio y callado; mi madre, apasionada y llena de vida. Su matrimonio, como mi niñez, era la combinación de dos mundos, la mezcla de dos elementos: fuego y hielo. Esto a veces era emocionante y vivificante, y a veces doloroso y agotador. Debido a que haberse casado tan temprano le imposibilitaba muchas opciones para mantener a su esposa, y debido a que tenían un bebé en camino, mi padre se alistó al ejército de los Estados Unidos pocos meses después de la boda. Inmediatamente se le envió a Panamá, donde se encontraba cuando yo nací y donde permaneció por los próximos dos años. He visto muchas fotos de mí misma, una niña mimada, sacadas durante estos meses para su beneficio. Mi madre vivía con la madre de él y aprendió a esperar y a fumar. Los dos hermanos mayores de mi padre estaban en Corea en esa misma época.

Mi madre todavía habla con nostalgia de aquellos años cuando vivía con Mamá Nanda, como le decían los nietos ya que su nombre, Fernanda, era demasiado difícil de pronunciar en nuestros primeros años. La hija divorciada de Mamá Nanda, mi tía Felícita, a quien dicen que yo me parezco, también vivía con nosotros. Las tres mujeres vivían solas y recibían cheques del ejército, por lo cual eran la envidia de todas las mujeres casadas del pueblo.

Mi madre había sido la cuarta hija de una familia de ocho y se había pasado la mayor parte de su tierna vida cuidando bebés que llegaban uno tras otro hasta que su madre hizo salir al marido de su cama. En la boda de mis padres la mamá de mi madre estaba encinta de seis meses con el último hijo. Mi madre se había sentido ofendida y avergonzada por el estado de su madre y es posible que esto haya tenido que ver en la decisión de mi abuela.

De todos modos, mi madre disfrutaba de la atmósfera adulta de la casa de su suegra, donde Mamá Nanda empezaba a experimentar una nueva sensación de libertad personal desde la muerte del esposo, causada por el alcohol, hacía dos años. A pesar de estar atada por sus interminables ritos religiosos y supersticiosos, se había permitido algunos placeres. Entre ellos el principal era fumar cigarrillos. Durante años, la mujer tímida y madre trabajadora se había escondido detrás de la casa para echar una fumada mientras trabajaba en su jardín de hierbas donde astutamente cultivaba la menta que mascaba antes de entrar en la casa. De vez en cuando, robaba un *Chesterfield* del bolsillo del chaquetón del esposo mientras éste dormía atontado por la bebida. Ahora compraba los paquetes y siempre se podía detectar el cuadradito conocido en el bolsillo de su delantal. Mi madre cogió el hábito de fumar con entusiasmo. Y ella, mi tía Felícita y Mamá Nanda pasaban muchas tardes de ocio fumando y hablando sobre la vida —especialmente sobre las tribulaciones de haber vivido con un viejo que había sido desheredado por su padre a temprana edad por borracho y jugador, y que había permitido que la amargura causada por su mala suerte acabara con él. Contaban cuentos de familia, cuentos moralizantes o divertidos, dependiendo de si los contaba Mamá Nanda o la tía Felícita, con sofisticación adquirida en Nueva York. Eran cuentos que mi madre me repetiría más tarde para pasar el tiempo en climas más fríos mientras esperaba regresar a su Isla. Mi madre nunca adoptó los Estados Unidos, no se adaptó a vivir en ningún lugar excepto en Puerto Rico, aunque siguió a mi padre de un lado para otro, de la Isla al continente, por veinticinco años, según fueran sus viajes de trabajo con la Marina. Ella siempre tenía esperanzas de regresar a Casa —su lugar de nacimiento. Y mantuvo vivo su sueño narrándonos su infancia a mi hermano y a mí hasta que nos pareció que habíamos compartido su niñez.

En casa de su suegra, Mother aprendió el significado del escándalo. Para ella las habladurías provocadas por el divorcio de Felícita en Nueva York y su posterior regreso al conservador pueblo católico eran otra emocionante dimensión en su nueva aventura del matrimonio. Después de que su joven esposo se había ido para Panamá, había tenido dificultad para dormir, así que tía Felícita le había ofrecido dormir en la misma cama con ella. Felícita había deseado desesperadamente tener un hijo, pero su cuerpo había rechazado tres intentos de embarazo —uno de los muchos problemas que habían contribuido a destruir su matrimonio. Y así el estado de mi madre se convirtió en el proyecto de Felícita; le gustaba decir que le parecía que el bebé era de ella también. Después de todo, fue ella la que había sentido los primeros movimientos del bebé en el vientre de mi madre cuando tranquilizaba a la muchacha nerviosa en noches difíciles, y la que se había levantado de madrugada para sostenerla mientras la sacudían las arcadas. Compartió el embarazo, acercándose cada vez más a la muchacha bonita que estaba encinta de su hermano.

Había sido ella también la que salió corriendo de la casa en camisón una noche de febrero de 1952 para ir a buscar a la vieja comadrona, Lupe, porque era la hora de que yo hiciera mi entrada en el mundo. Lupe, quien había atendido cada uno de los doce partos de Mamá Nanda, era para esta época más una institución en el pueblo que una comadrona alerta. Esa noche se las arregló para sacarme del cuerpo retorcido de mi madre sin grandes complicaciones, pero la dejó exhausta. Me dejó envuelta en capas de gaza pero sin protegerme el ombligo. Fue Felícita, siempre atenta a sus bebés, mi madre y yo misma, quien notó la mancha de sangre que empapaba mis pañales. Me iba vaciando rápidamente, desinflando como un globito, al tiempo que mi madre adolescente se acurrucaba en posición fetal para dormir después de una larga noche de trabajo.

Dicen que hasta que mi padre regresó, Felícita, la paria social, se ocupó de mí con una dedicación bondadosa que desmentía su bravuconería exterior. Varios años antes de mi nacimiento, se había escapado con un hombre a quien su padre había amenazado de muerte. Se casaron y fueron a vivir a New York City. Durante este tiempo, el viejo había destruido todas sus cartas sin abrir y le había dicho a la familia que ella había muerto. Mamá Nanda había sufrido en silencio, pero se las había arreglado para mantenerse en contacto con su hija gracias a un pariente en Nueva York. El matrimonio se desintegró pronto y Felícita exploró la vida como mujer libre por un año. Sus hazañas, exageradas por los chismes, la convirtieron en leyenda en su pueblo natal. Para cuando yo pude preguntar sobre estos temas, todo lo que quedaba de esa época era un baúl lleno de magníficos vestidos de fiesta que Felícita se había traído. Se convirtieron en los vestidos que yo usaba para jugar a vestirme de grande durante mi niñez. Había sido una muchacha atractiva, de piel clara y pelo oscuro rizado que en la familia de mi padre podía trazar a sus antepasados del norte de España. Juntando los pedazos de su historia a lo largo de los años, he sacado en claro que Felícita, a los dieciséis años, se enamoró locamente de un muchacho negro un poco mayor que ella. El idilio fue apasionado y el joven había ejercido presión para que se casaran pronto. Cuando por fin él abordó a mi abuelo, el viejo sacó el machete y amenazó con cortar al pretendiente de Felícita por la mitad si volvía a acercarse a la casa otra vez. Entonces les dio una paliza a la hija y a la esposa (por criar a una mujerzuela), y las confinó a la casa. El resultado de sus acciones fue una fuga en la que contribuyó medio pueblo, recogiendo dinero para los desgraciados enamorados y ayudándolos a conseguir transportación y billetes de avión a Nueva York. Felícita salió una noche y no regresó hasta años después de la muerte de su padre.

Pero el cuento es más complejo. Entonces se dijo que el novio podía ser hijo del viejo, quien tenía varias queridas pero no reconocía a los hijos. Para su disfrute, casi siempre escogía negras. No había forma de comprobar esta terrible sospecha. Felícita había recibido el flechazo y la cegaba una pasión que no podía controlar. El matrimonio había sido tempestuoso, violento y afortunadamente corto. Felícita era una persona herida para cuando yo nací; su fuego ya no hacía estragos, sino que ardía sin llamas —lo suficiente para darme calor hasta que mi madre salió de su sueño de adolescente para cuidar de mí.

Las tres mujeres y una bebé pasaron entonces los próximos dos años esperando a que su soldado regresara. Mamá Nanda, una mujer profundamente religiosa, así como supersticiosa, hizo una promesa por tal de que sus tres hijos volvieran sanos y salvos. Iba a misa tempranito por la mañana todos los días a la famosa iglesia católica de nuestro pueblo, el lugar de una milagrosa aparición de la Virgen Morena durante la época colonial española. Mamá Nanda también subía de rodillas una vez a la semana los cien escalones que conducían al santuario, junto a otras mujeres que tenían hombres en la guerra. Estos escalones habían sido excavados en la colina por cientos de trabajadores y se había construido una iglesia en la cima, en el mismo lugar donde un leñador había sido librado de ser embestido por un toro gracias a la repentina aparición de la Señora Morena que flotaba sobre la copa de un árbol. Según la leyenda, el toro cayó de rodillas, se paró en seco frente al hombre paralizado por el miedo y el asombro.

Hay un fresco sobre el altar de la iglesia que representa esta escena. De toda la Isla vienen peregrinos a visitar el santuario de la Virgen Morena. Una estatua importada de España que representa a la Señora permanece sobre un arca portátil y una vez al año, durante las Fiestas Patronales, la sacan en su plataforma por el pueblo, seguida por sus adoradores. Se dice que ha llevado a cabo muchas curas milagrosas y que su capillita, a uno de los lados de la nave, está llena de recordatorios de sus obras, como muletas y ropita de bebés (ella puede traerles fecundidad a mujeres estériles). Era ella a quien Mamá Nanda y otras mujeres rezaban cuando sus hombres estaban en las guerras o durante crisis domésticas. El ser una mujer y negra hacía que Nuestra Señora fuera la depositaria perfecta de las esperanzas y las plegarias de los enfermos, los débiles y los que carecen de poder.

He visto a muchas mujeres vestidas de negro subiendo los ásperos escalones de La Escalinata hasta las puertas de entrada a la iglesia y he comprendido que el acto en sí puede traerle consuelo a una mujer que ni siquiera sabe a ciencia cierta dónde se encuentra su hijo o su marido, ni tampoco las razones de que estuviera arriesgando su vida en una guerra de otro. Tal vez Dios lo sabía y con seguridad Nuestra Señora, mujer, esposa y madre, intercedería. Era un mundo de hombres y un cielo de hombres. Pero la mediación era posible —con tal que se pudiera obtener la atención de Él. Y por eso había promesas, modos de hacer que se fijara en las peticiones. Algunas mujeres decidían llevar hábitos hasta que sus oraciones fueran oídas, es decir, un vestido sencillo del color que representaba a su santo favorito, como el azul pálido para la Santa Madre o el rojo para el Sagrado Corazón. El hábito se ceñía a la cintura con una soga que representaba la pasión de Cristo. Las más fervientes llevaban tela de saco debajo de la ropa, un verdadero tormento en el calor del trópico. La promesa sólo estaba limitada por la imaginación de la penitente y su límite de resistencia al dolor y al malestar. En muchas casas las mujeres rezaban el rosario en grupo todas las noches y esto las unía para compartir sus problemas. Mamá Nanda hacía de todo, en silencio y sin aspavientos. Desde la muerte de su esposo sólo vestía de negro, pero el luto y la penitencia se habían hecho parte integrante de su vida desde mucho antes; de sus doce hijos sólo seis habían sobrevivido; los otros seis murieron en la infancia de enfermedades de la niñez que la generación siguiente pudo evitar gracias a una vacuna o a un simple antídoto. Ella había enterrado cada cuerpito en el cementerio de la familia con un nombre y una fecha en la lápida —a veces la misma fecha para el nacimiento y la muerte— y había llevado luto por cada uno. La muerte de sus bebés la había convertido en una mujer melancólica, aunque siempre estaba dispuesta a darle a Dios otra oportunidad. Cabildeaba por Sus favores infatigablemente.

En la casa de Mamá Nanda a mi joven madre y a su bebé se nos trató como si fuéramos de la realeza. Después de haberles servido a un esposo exigente y a numerosos hijos, ahora la abuela se encontraba sola en una casa prácticamente vacía con una nieta nueva a quien podía adorar y una nuera que no era más que una adolescente. El único trabajo de mi madre era jugar con la bebé, llevarme a pasear vestida elegantemente con ropa que compraba con cheques del ejército, y acompañar a Mamá Nanda a misa los domingos. En las fotos que nos sacaron a mi madre y a mí en esa época, puedo observar los cambios efectuados en la tímida novia adolescente en el breve período mientras Mamá Nanda y Felícita se ocuparon de ella: está llenita y radiante, saludable, y parece orgullosa del montón de volantes y lazos que tiene en brazos —su muñeca— yo.

Para cuando *Father* regresó de Panamá, ya yo no usaba pañales ni andador, *Mother* había recobrado su figura esbelta y Mamá Nanda tenía gruesos callos en las rodillas que le impedían sentir el dolor que ella creía necesario para obtener resultados del cielo. El regreso con vida de su hijo era prueba de que sus sacrificios habían valido la pena y ella dedicaba su fructífera imaginación a concebir penitencias todavía más grandes para recibir crédito por los otros dos, quienes serían heridos en una emboscada mientras viajaban en un jeep en Corea y volverían pronto a Puerto Rico —con ligeros desperfectos, pero con vida. Las rodillas de Nanda lucían las cicatrices como medallas recibidas en muchas guerras y conflictos. Tía Felícita se encontró desplazada de repente de su rol como mi "otro padre" y regresó a su propia vida. Todo cambió.

Mi primer recuerdo es de la fiesta de recibimiento para *Father* y el regalo que me trajo de San Juan —una cuna de hierro rosada como una elaborada pajarera— y el sentido de abandono que sentí por primera vez en mi corta vida cuando todos los ojos se volvieron hacia el guapo forastero de uniforme y se desviaron de mí, vestida con un vestido nuevo y zapatos de charol, atrapada en mi cuna de hierro rosada, llorando a todo pulmón y llamando a Mami, Tía, Mamá Nanda, cualquiera... que viniera a sacarme de la prisión.

Cuando le pregunto por los sucesos de ese día, mi madre todavía pone los ojos en blanco y levanta las manos en gesto de desesperación. El cuento varía según se cuenta, pero tal parece que yo sola me salí de la alta cuna y me dirigí a la fiesta que se celebraba en el patio. El lechón estaba en la vara y la cerveza fluía. La victrola de la sala tocaba los discos de Elvis Presley de mi padre a todo volumen. Es posible que me lo haya imaginado. Mi madre está sentada en su falda. Está espléndida con el vestido de seda roja que él le ha regalado. Hay un círculo de personas alrededor de él. Todo el mundo se está divirtiendo. Y todos se han olvidado de mí. Me veo escurriéndome entre el gentío y hacia las llamas. Inmediatamente, las manos fuertes de un hombre me sacan. No ha habido verdadero daño: mi abundante cabellera está un poco chamuscada, pero eso es todo. *Mother* está llorando. Nuevamente soy el centro de la atención de todos. Hasta de él. ¿Dormí entre los dos esa noche porque mi madre se había dado cuenta de que yo no era una muñequita de goma sino una niñita de carne y hueso de verdad? Cuando pregunto, dice que únicamente recuerda quedarse despierta escuchándome respirar la noche del "incidente". Tampoco había podido dormir por el sonido de los ronquidos de mi padre a los que no estaba acostumbrada. Pronto se acostumbraría a ambos hechos de la vida: que de ahí en adelante cada una de las horas en que estuviera despierta me pertenecerían a mí y que las noches le pertenecerían a este extraño solemne —que solamente guardaba una semejanza con el joven tímido con quien ella se había casado hacía dos años. Mi madre se estaba haciendo adulta.

Dicen

Dicen
que cuando llegué,
viajando con poco equipaje,
las mujeres que esperaban
taparon
las rendijas en las paredes
con trapos
mojados en alcohol
para ahuyentar corrientes
de aire y demonios.
Le prendieron velas
a la Virgen.
Dicen
que la respiración de mamá
las apagaba constantemente
a diestra y siniestra.
Cuando me escurrí
en las manos de las mujeres
el cuarto estaba en sombras.
Dicen que
por poco me voy,
al deshacerse el nudo hecho
de prisa en mi ombligo.
Dicen que
mi impulso de sangrar
les dijo que era como un globo
con una filtración,
un alma tratando de volar
a través de las rendijas de la pared.
La comadrona cosió
y las mujeres rezaron
mientras me entallaban
para la vida
en un apretado corsé de gaza.
Pero sus oraciones
me retuvieron,

sus vendajes me contuvieron,
y toda esa noche
remojaron
sus trapos ensangrentados.
Dicen que
Mother se lo pasó durmiendo,
soplando
velas
con su respiración.

Quinceañera

Han guardado mis muñecas como niños
muertos en un baúl que llevaré
conmigo cuando me case.
Meto la mano por debajo de la falda para sentir
una enagua de raso
comprada para este día. Es suave
como el interior de mis muslos.
Me han clavado el pelo al cráneo con las hebillas
negras de mi madre. Sus manos me estiraban los ojos
según enrollaba trenzas en un apretado círculo
en mi nuca.
Debo lavar mi ropa
y las sábanas a partir de este día, como si
los fluidos de mi cuerpo fueran veneno, como si
el chorrito de sangre que yo creo
que viaja de mi corazón al mundo fuera vergonzoso.
¿Acaso la sangre de los santos y
de los hombres en batalla no es hermosa?
¿Acaso las manos de Cristo no sangran
en tus ojos desde Su cruz?
Por la noche me escucho creciendo y me despierto
para encontrar que mis manos vagan
por su propia voluntad para aliviar
la piel tirante sobre mis huesos.
Mi ser como las entrañas de un reloj,
esperando que cada hora me libere.

Lecciones de primaria

El primer día de clases, mi madre me llevó andando a una escuela que llevaba el nombre de un patriota puertorriqueño nacido en nuestro pueblo. Recuerdo cemento amarillo con el borde verde. Todos los salones de clases estaban pintados de esos colores para identificarlos como propiedad del gobierno. Así era en toda la Isla. Todo llevaba un color, incluso los niños, quienes llevaban uniformes desde primero hasta duodécimo grado. Éramos un ejército de enanos vestidos de blanco y marrón, llevado de la mano a nuestro campo de batalla. De prácticamente cada casa en nuestro barrio salía un uniforme bien planchado habitado por las criaturas salvajes en que nos habíamos convertido durante un verano al sol.

La casa de mi abuela, donde nos estábamos quedando hasta que mi padre regresara a Brooklyn Yard en Nueva York y nos mandara a buscar, había sido un caos total, por tener que preparar a varios niños para ir a la escuela. Mi madre me había halado el pelo con más fuerza que nunca mientras lo trenzaba y yo me había disuelto en un pozo de completa auto-conmiseración. Quería quedarme en casa con ella y con Mamá para seguir escuchando los cuentos por la tarde, beber café con leche con ellas y jugar con mis innumerables primos. Quería seguir viviendo el sueño de las tardes de verano en Puerto Rico y, si no podía ser así, entonces quería volver a Paterson, New Jersey, donde me imaginaba que nuestro apartamento esperaba, tranquilo y fresco, a que nosotros tres regresáramos a nuestra antigua vida. Nuestra vida de gitanos me había convencido, a los seis años de edad, de que una parte de la vida se detiene y espera mientras una persona vive otra vida por un rato, y si no te gusta el presente, siempre puedes regresar al pasado. Al abotonarme la blusa almidonada mientras yo trataba de escurrírmele, mi madre intentaba explicarme que ahora yo era una niña grande y que debía tratar de entender que, al igual que todos los otros niños de mi edad, tenía que ir a la escuela.

—¿Y él? —grité señalando a mi hermano, quien estaba estirado en el piso de losetas de nuestro cuarto de baño en sus pijamas, jugando tranquilamente con un carrito de juguete.

—Es demasiado chiquito para ir a la escuela, tú lo sabes. Ahora estáte quieta—. Mi madre me pilló entre sus muslos para abotonarme la falda, como había aprendido a hacer con Mamá, de cuyo agarre era imposible escapar.

—No es justo, no es justo. No puedo ir a la escuela aquí. No hablo español—. Era mi argumento final y fracasó miserablemente porque estaba gritando mi desafío en la lengua que pretendía no hablar. Sólo yo sabía lo que quería decir en español con lo de que no hablaba español. Había pasado los primeros años de mi niñez en los Estados Unidos donde vivía en una burbuja creada por mis padres puertorriqueños donde dos culturas y dos idiomas llegaron a ser uno. Aprendí a escuchar el inglés de la televisión con un oído mientras oía a mi madre y a mi padre hablándose en español. Pensaba que era una niña americana común y corriente —como los niños en los programas que miraba— y que los padres de todo el mundo hablaban un segundo idioma secreto en la casa. Cuando vine a Puerto Rico poco antes de empezar el primer grado, cambié fácilmente al español. Era la lengua de la diversión, de los juegos de verano. Pero la escuela, eso era otro cantar.

Hice un último y desesperado esfuerzo por hacer que mi madre entrara en razón: —*Father* va a estar muy enojado. Tú sabes que él quiere que hablemos buen inglés—. Mi madre, desde luego, no me hizo caso mientras le ponía la ropa de jugar a mi hermanito. No podía creer que fuera indiferente a los deseos de mi padre. Solía ser tan cuidadosa con nuestra seguridad y todas las otras áreas que él le recordaba constantemente en sus cartas. Pero yo tenía razón y ella lo sabía. Nuestro padre nos hablaba en inglés y me corregía la pronunciación constantemente no —*yes*— sino —*i-es. Ies ser.* ¿Cómo era posible que ella me enviara a la escuela a aprender español cuando habríamos de regresar a Paterson dentro de unos pocos meses?

Pero, desde luego, no era la lengua lo que temía, sino la pérdida de la libertad. En la escuela no habría juegos, ni cuentos, solamente clases. No importaba si no entendía ni papa y no se me permitiría inventarme mis propias definiciones. Tendría que aprender el silencio. Tendría que mantener mi delirante imaginación bajo control. Sintiéndome encerrada en el sofocante uniforme almidonado, sólo podía imaginarme todo esto. Me imagino que la mayor parte de los niños pueden intuir la pérdida de la libertad de la niñez ese primer día de clases. También la ansiedad de la separación, pero la madre no es más que el guardián del patio de juegos de nuestra temprana niñez.

Ver a mis primos en semejantes aprietos me consoló. Bajábamos marchando la colina de nuestro barrio donde la casa azul de Mamá permanecía en lo alto. Debo haberme vuelto a mirarla con nostalgia. La casa de Mamá —un lugar construido para niños— donde todo lo que se podía romper ya lo había roto la primera camada de los descendientes de mi abuela (quienes oscilaban desde las hermanas mayores de mi madre hasta mi tío que era seis meses mayor que yo). Hacía tiempo que su casa estaba a prueba de niños. Había sido un lugar perfecto para el verano. Y ahora era septiembre, el mes más cruel para una criatura.

La Misis, como se les llamaba a todas las maestras, esperaba a su clase de primer grado a la puerta de su salón amarillo y verde. Ella también llevaba uniforme: falda azul y blusa blanca. Esta maestra llevaba tacones negros con su indumentaria de rigor. Recuerdo este detalle porque cuando todos estuvimos sentados en filas, llamó a una niñita y le señaló el fondo del salón donde había unas tablillas. Le dijo que le trajera una caja de zapatos de la tablilla de abajo. Entonces, cuando tenía la caja en sus manos, hizo algo insólito. Hizo que la niñita se arrodillara a sus pies, le quitara los zapatos puntiagudos de tacón y los reemplazara por las zapatillas de raso que había en la caja. Le dijo al grupo que cada uno de nosotros tendría la oportunidad de hacer esto si nos portábamos bien en su clase. Aunque estaba confundida con el premio, pronto caí presa de la competición por traerle a La Misis sus zapatillas por la mañana. Los niños se peleaban por el privilegio.

Nuestra primera lección fue inglés. En Puerto Rico, todos los niños tienen que estudiar doce años de inglés para graduarse de la escuela. Es la ley. Cuando mis padres asistían a la escuela, todas las materias se enseñaban en inglés. El U.S. Department of Education había especificado que la Isla, como territorio de los Estados Unidos, tenía que ser "americanizada", y para lograr esa tarea, era necesario que en el transcurso de una generación se reemplazara el español por medio de la enseñanza del inglés en todas las escuelas. Mi padre empezaba su día escolar saludando la bandera de los Estados Unidos y cantando *America* y *The Star Spangled Banner* de memoria, sin entender una palabra de lo que estaba diciendo. La lógica detrás de este sistema era que, aunque los niños no entendían las palabras en inglés, recordarían los ritmos. Hasta los juegos, que según los manuales debían jugar las maestras, se convirtieron en absurdas adaptaciones. *Here We Go Round the Mulberry Bush* se convirtió en *Here We Go Round the Mango Tree.* He oído hablar de la confusión que causó el uso de una cartilla en la cual aparecían los sonidos de los animales. Se obligaba a que los niños aceptaran que un gallo dice *cockadoodledoo,* cuando ellos sabían perfectamente bien, de oír a sus propios gallos cada mañana, que en Puerto Rico un gallo dice cocorocó. Hasta el vocabulario de sus animales había cambiado; todavía hay cuentos de familia sobre el desconcierto de un niño de primer grado que llega a la casa a tratar de enseñarle al perro a hablar en inglés. La política de asimilación por inmersión falló en la Isla. Los maestros sólo le hacían caso en el papel, sustituyendo los textos con sus propios materiales, pero nadie se llevaba el inglés a su casa. Con el tiempo, el programa se redujo a una clase en inglés al día, como lo que encontré cuando asistí a la clase de primer grado de La Misis.

Tomándonos a todos desprevenidos, la maestra se puso de pie muy derecha y estirada en frente de nosotros y empezó a cantar en inglés:

Pollito - *Chicken*
Gallina - *Hen*
Lápiz - *Pencil*
Y pluma - *Pen*

—*Ripit after mi, children:* Pollito - *chicken* —nos ordenó con un inglés de acento tan marcado que sólo yo entendí por ser la única en el salón que había tenido experiencia previa con la lengua. Pero yo también permanecí callada. No valía la pena crear problemas ni lucirse. Pacientemente La Misis cantó su canción y nos hizo gestos para que la acompañáramos. En algún momento la clase se debió dar cuenta de que la tonta rutina iba a seguir todo el santo día si nos negábamos a *"ripit".* No era culpa de la maestra que tuviera que seguir la regla de su manual que decía que debía enseñar inglés en inglés y que no debía traducir, sino solamente repetir su lección en inglés hasta que los niños empezaran a responder más o menos "inconscientemente". Éste era uno de los vestigios del régimen seguido por sus predecesores en la pasada generación. Hasta el día de hoy puedo recitar —Pollito - *Chicken*—, sin pensar, sin hacer una pausa ni una sola vez para visualizar pollitos, gallinas, lápices ni plumas.

Pronto me convertí en la estudiante mimada de la maestra sin haber hecho mucho esfuerzo. Era una niña privilegiada a los ojos de la maestra por el mero hecho de vivir en "Nueva York" y porque mi padre estaba en la Marina. El apellido de él era uno de los viejos de nuestro pueblo, asociado con gente de tierras y dinero desaparecido desde hacía rato. La posición social se juzga por criterios únicos en una cultura donde, por definición, todos son ciudadanos de segunda clase. Los recuerdos de glorias pasadas son tan buenos como los títulos y el dinero. Las familias viejas que vivían en casonas decrépitas figuran sobre los trabajadores de fábricas que viven con todas las comodidades modernas en cajas de cemento, todas iguales. Las profesiones elevan a una persona por encima de la temida "igualdad" hasta un nicho social, así que a los maestros, las enfermeras y todos aquellos que fueron a la escuela para hacerse de un trabajo, la gente común les daba el tratamiento honorario de El Míster o La Misis, gente que probablemente ganaba más dinero en las fábricas norteamericanas que los mal remunerados educadores y funcionarios del gobierno.

Mis primeras impresiones de la jerarquía comenzaron con la ceremonia de cambio de zapatos de mi maestra y el respeto exagerado que recibía de nuestros padres. La Misis siempre tenía razón y los adultos se peleaban para cumplir sus órdenes. Ella quería que todos nuestros libros escolares estuvieran forrados con el papel marrón que ahora se usa en las fundas de papel (entonces era el papel con que el carnicero envolvía la carne y otros alimentos). Esa primera semana de clases el carnicero estaba hasta el cuello de pedidos de papel que les regalaba a las mujeres. Esa semana y la próxima envolvía los comestibles frescos en papel de periódico. Todos los proyectos escolares se convertían en proyectos de familia. En casa de Mamá se consideraba una falta de respeto hacer la asignación en privado. En las horas entre el regreso de la escuela y la hora de la comida, todos compartíamos la mesa mientras las mujeres rondaban en un segundo plano. Las maestras se comunicaban directamente con las madres, en un matriarcado cuyo poder e influencia tenían largo alcance.

En mi salón de primer grado había un negrito que también era el estudiante mimado de la maestra pero por una razón diferente: yo no tenía que hacer nada para ganarme el favor de la maestra; él estaba dispuesto a hacer cualquier cosa con tal de ganarse una sonrisa de ella. Era prieto como el caldero que Mamá usaba para cocinar el asopao y tenía el pelo rizado en bolitas apretadas "como pasitas pegadas al cráneo", me había dicho mi madre. En casa de Mamá se había hablado de este niño; se llamaba Lorenzo. Más tarde me enteré de que era el nieto de la niñera de mi padre. Lorenzo vivía con Teresa, su abuela, después de que su madre lo dejó a su cuidado cuando se fue para "Los Nueva Yores" poco después de su nacimiento. Y eran muy pobres. Todos podíamos ver que los pantalones le quedaban demasiado grandes —los había heredado de alguien— y las suelas de sus zapatos eran tan delgadas como el papel. A Lorenzo no parecían importarle las risitas que ocasionaba cuando saltaba a borrarle la pizarra a La Misis y los pantalones abultados se le bajaban mientras se esforzaba por alcanzar todos los trazos dispersos. Parecía que le gustaba desempeñar el papel de payasito cuando ella le pedía que viniera al frente de la clase a cantar su versión fonética de *O biutiful forpeshiuscais* sirviéndonos de líder en nuestro incomprensible tributo a la bandera de los Estados Unidos. Era un niño brillante y cariñoso, con un talento para cantar y hacer mímicas que todos comentaban. A él le debieron invitar para servir de anfitrión a la Asociación de Padres y Maestros ese año y no a mí.

Un día, a la hora del recreo, regresé al salón vacío para buscar algo. ¿Mi taza? ¿Mi vellón para una bebida en el kiosko? No me acuerdo. Pero recuerdo la conversación que tenía mi maestra con otra. La recuerdo porque tenía que ver conmigo y porque me la memoricé para poder preguntarle a mi madre lo que significaba.

—Es un negrito gracioso y como una cotorra, puede repetir todo lo que se le enseña. Pero su mamá no debe tener el dinero para comprarle un traje.

—Yo conservo el traje de la primera comunión de Rafaelito; estoy segura de que a Lorenzo le quedaría bien. Es blanco con una corbata de lazo blanca —dijo la otra maestra.

—Pero, Marisa —se rió mi maestra— en ese traje, Lorenzo se vería como una mosca ahogada en un vaso de leche.

Las dos mujeres se rieron. No me habían visto agachada al fondo del salón, rebuscando en mi mochila. Entonces surgió mi nombre.

—¿Qué te parece la niña Ortiz? Su familia tiene recursos.

—Voy a hablar con su madre hoy. El superintendente, el americano de San Juan, va a venir para el espectáculo. ¿Qué tal si le hacemos decir sus líneas en español y en inglés?

Ahí se acaba la conversación para mí. Mi madre me llevó a Mayagüez y me compró un vestido rosado de volantes y dos cancanes de crinolina para ponerme debajo, de modo que parecía un paracaídas rosado y blanco del cual salían las piernas como palillos de dientes. Me aprendí las líneas: —Padres, maestros, Mr. Leonard, bienvenidos/*Parents, teachers, Mr. Leonard, welcome...*— Mi primera aparición en público. No la disfruté. Las palabras eran formales y vacías. Sólo me las había aprendido de memoria. El vestido me apretaba en el cuello y en los brazos, y me daba picor por todas partes.

Le había preguntado a mi madre lo que quería decir "mosca en un vaso de leche". Se había reído de la imagen, explicándome que quería decir que se era diferente, pero que era algo de lo cual no debía preocuparme.

Navidad de 1961

Estamos esperando la salida del año
con los parientes de Mother en Puerto Rico.
Vestida de ángel para el drama
de La Escuela San José, poso en una túnica
de sábana blanca y alas de papel de seda
para mi madre —una foto que le enviará
a mi padre que está en el mar. Pronto
se nos perderá por meses, atrapado en silencio
dentro de su barco de la Marina,
por un error y una apuesta:
la Bahía de Cochinos, la Crisis de los Misiles.
El telón de fondo que ella escoge
es un tapiz tropical: un seto
de pavonas, rojo insistente
en un campo verde. En la foto revelada,
las flores traspasarán las esquinas
de mi figura fantasmal —un ángel de embuste
superpuesto en un Edén de embuste,
tan sospechoso como los fotograbados
pintados a mano en los National Geographics
durante los años de la guerra
que mostraban "bosques de esmeraldas
y mares de añil".

> ¿Quién sabe cómo puede el miedo cambiar el rostro
> de todo? Los colores
> de una foto abandonada en una casa vacía
> se pondrán amarillentos. El papel
> se enrollará alrededor de un momento
> en una metamorfosis a la inversa.

Ella tenía la última de las cartas de él
en el bolsillo de su vestido amarillo
—una nota de las de pronto estaremos juntos
que llevará consigo durante semanas
como un talismán.
—Mírame— me dice y casi me ciega
su resplandor. Ese día se había tragado el sol.
Bajo los ojos hacia la cámara enfocada hacia mí,
y en el ojo del lente puedo ver
un pequeño mundo en llamas.

Una lección más

Recuerdo la Navidad en la Isla por la forma en que se sentía en la piel. La temperatura bajaba a los ideales setenta y aún más después de la medianoche cuando algunos de los católicos más devotos —mayormente mujeres ancianas— se levantaban para ir a la iglesia, a lo que llamaban la misa del gallo; la misa a la hora cuando el gallo cantó para Cristo. Se echaban un chal por la cabeza y los hombros, y se movían lentamente hacia el pueblo. El nacimiento de Nuestro Señor era un asunto serio en nuestro pueblo.

En casa de Mamá, la comida era el centro de atención de la Navidad. Había hojas de plátano, que los muchachos traían atadas en manojos, esparcidas sobre la mesa, donde las mujeres echaban dulce de coco hirviendo, y las hojas se marchitaban alrededor de las bolas pegajosas, añadiéndole un gusto adicional al ya irresistible manjar. Alguien tenía que vigilar el dulce mientras se enfriaba o iba a empezar a desaparecer según los niños arriesgaban la vida y una extremidad por robarse un pedazo de cielo. Las hojas de plátano también se usaban para envolver la comida de las festividades en Puerto Rico: los pasteles de carne, hechos tradicionalmente de yuca y plátano guayados y rellenos de carne condimentada.

Todas las tardes durante la semana antes del día de Navidad, regresábamos de la escuela y encontrábamos a las mujeres sentadas en el salón con recipientes en la falda, guayando coco, yuca, plátano, queso, todos los ingredientes de los cuales se compondría nuestro festín de Nochebuena. Los olores que llenaban la casa de Mamá en ese entonces habían llegado a significar anticipación y un goce sensual durante una época en mi vida, los últimos días de mi primera niñez, cuando todavía podía absorber el gozo por los poros, cuando todavía no había aprendido que las tinieblas le suceden a la luz, que todo en la creación se basa en ese sencillo concepto, y que la madurez es descubrir esa ley natural.

Era en esos días que los americanos enviaban canastas de frutas a nuestro barrio—manzanas, chinas, uvas traídas en avión desde los Estados Unidos. Y por la noche, si alguien se atrevía a subir la loma hasta donde estaba el árbol de mangó en la oscuridad, se podía ver una vista maravillosa: un árbol de Navidad, un pino de verdad, decorado con luces de muchos colores. Lo que se veía era el bosquejo borroso del árbol, porque estaba dentro de un balcón cubierto de tela metálica, pero el niño que entregaba la fruta, quien había resultado ser sobrino de Mamá, nos había dado una descripción minuciosa del mismo. Lo único es que a mí no me había impresionado porque el año anterior nosotros habíamos puesto uno en nuestro apartamento en Paterson.

Nos llegaban paquetes por correo de parte de nuestro padre. Yo recibía muñecas que lucían los vestidos nacionales de España, Italia y Grecia (al principio no podíamos distinguir cuál de las muñecas griegas era el varón porque ambas llevaban faldas); a mi hermano le llegaban libros de láminas; y a mi madre, joyas que no se pondría, porque era como ostentar y podía atraer el Mal de Ojo.

Mal de ojo o no, nosotros tres éramos la envidia del barrio. Todo nos separaba de los demás, y yo escondí mis muñecas rápidamente cuando supe que mis compañeros de juegos no iban a recibir regalos hasta el Día de los Reyes —cuando Cristo recibió sus regalos— y que aún entonces era muy posible que los regalos que encontraran debajo de la cama fueran cosas prácticas como ropa. Aún así, era divertido buscar hierba fresca para los camellos la noche en que se esperaba a los Reyes, atarla en mazos con un cordelito y ponerla debajo de la cama junto a un recipiente con agua fresca.

Después de la Navidad el año se fue volando y en la primavera recibimos un telegrama de *Father*. Su barco había llegado a Brooklyn Yard. Nos daba una fecha para nuestro viaje de regreso a los Estados Unidos. Recuerdo a *Mother* empacando desenfrenadamente y los viajes a Mayagüez para comprar ropa nueva; las inspecciones del cuerpo de mi hermano y el mío por si había cortaduras, arañazos, picadas de mosquito y otros "daños" que tendría que explicarle a *Father*. Y recuerdo rogarle a Mamá que me contara cuentos por las tardes, aunque todavía no era verano y los viajes al árbol de mangó no habían empezado. Al mirar hacia atrás me doy cuenta de que los cuentos de Mamá era lo que yo empacaba —mis provisiones para el invierno.

Father había logrado encontrar un apartamento fuera del barrio vertical de Paterson, un edificio de caserío que los puertorriqueños llamaban El *Building*. Había convencido al judío dueño de una tienda de dulces para que nos alquilara el apartamento sobre su establecimiento, el que él y su esposa acababan de dejar al comprar una casa en West Paterson, una sección de gente adinerada. Mr. Schultz era un hombre amable, cuyo rostro melancólico me era familiar por los viajes que daba a menudo con mi padre a su tienda para comprar cigarrillos. Al parecer, mi padre les había convencido a él y a su hermano, un hombre que era la misma cara de Mr. Schultz y que ayudaba en la tienda, de que no éramos la familia puertorriqueña usual. La piel clara de mi padre, su inglés ultra-correcto y su uniforme de la Marina le ganaron el caso. Más tarde se me ocurrió que mi padre me había estado exhibiendo como niña modelo cuando me llevaba a la tienda. Siempre estaba vestida con un vestido dominguero y él me sujetaba de la mano firmemente. Me imagino que hacía lo mismo con mi hermano. En cuanto a mi madre, su belleza latina, la abundante mata de pelo negro que le colgaba hasta la cintura, su cuerpo voluptuoso que ni siquiera la ropa de invierno podía disimular, no habría sido más que una dificultad más para los planes de mi padre. Pero todo el mundo sabía que una mujer puertorriqueña era el satélite de su marido; ella refleja tanto el lado claro como el lado oscuro de él. Si mi padre era respetable, entonces su familia era respetable. Conseguimos el apartamento en Park Avenue.

A diferencia de El *Building,* donde habíamos vivido en nuestro primer viaje a Paterson, nuestro nuevo hogar quedaba verdaderamente en el exilio. A sólo una cuadra había cientos de puertorriqueños, pero no oíamos español, ni música a todo volumen, ni madres que les gritaban a los hijos, ni el familiar ¡Ay bendito!, esa frase de nuestra gente que todo lo abarca. *Mother* cayó en un silencio, sufría de la tristeza que sólo causa y sólo cura un lugar. Pero a *Father* le encantaba el silencio, y se nos enseñó que ese silencio era algo que debíamos cultivar y practicar.

Como nuestro apartamento quedaba directamente encima de donde los Schultz trabajaban durante todo el día, nuestro padre nos dio instrucciones de que nos quitáramos los zapatos al entrar y que camináramos en medias. Ibamos a probar que éramos respetables siendo lo opuesto de aquello por lo que a nuestro grupo étnico se le conocía: seríamos callados e inconspicuos.

Mi nerviosa madre me escoltaba a la escuela todos los días. Era una caminata en el aire de otoño que empezaba a refrescar en Paterson y teníamos que pasar frente a El *Building,* de donde salían niños por la puerta del frente del dilapidado edificio contestándoles a las madres en una mezcla de español e inglés: —Sí, Mami, regreso directo de la escuela—. En la esquina nos paraba una policía de tráfico, una mujer estricta que sólo gesticulaba sus instrucciones, nunca hablaba directamente con los niños, y sólo nos ordenaba "parar" o "cruzar" mientras levantaba la mano cubierta con un guante blanco al nivel de la cara o balanceaba el brazo bruscamente a la altura del pecho si la luz estaba verde.

El edificio de la escuela no era acogedor a la vista para alguien acostumbrado a los colores brillantes y a la bien ventilada arquitectura tropical. Se veía funcional. Podía haber sido una prisión, un asilo, o simplemente lo que era: una escuela urbana para hijos de inmigrantes, construida para resistir oleadas de cambio, de generación en generación. Los ladrillos rojos se elevaban en cuatro pisos sólidos. Las salidas de emergencia de acero negro culebreaban por la parte trasera como una espina dorsal al descubierto. Una verja de eslabones rodeaba el patio de concreto. Los miembros de una exclusiva patrulla de seguridad, muchachos mayores, de sexto grado mayormente, se paraban al lado de cada una de las entradas, llevando correas de blanco fosforescente que les cruzaban el pecho y chapas de metal. A nadie se le permitía entrar en el edificio hasta que sonara la campana, ni siquiera cuando llovía o cuando hacía mucho frío. Sólo la patrulla de seguridad se mantenía caliente.

Mi madre estaba de pie frente a la entrada principal conmigo y un gentío de niños ruidosos que iba en aumento. Parecía uno de nosotros, al no ser más alta que las niñas de sexto grado. Me apretaba tanto la mano que me daba calambres en los dedos. Cuando sonó la campana, entró conmigo al edificio y me dio un beso en la mejilla. Al parecer mi padre había hecho todos los trámites para mi matrícula, porque lo próximo que recuerdo es que una niña negra que había salido de la oficina de la principal, me condujo a mi salón de tercer grado.

Aunque había aprendido un poco de inglés en casa durante mis primeros años en Paterson, había dejado que se hundiera en mi memoria mientras aprendía español en

Puerto Rico. Una vez más era la niña envuelta en una nube de silencio, a quien se le tenía que hablar con señas como si fuera sordomunda. Algunos de los niños hasta alzaban la voz cuando me hablaban, como si tuviera problemas para oír. Como era una clase grande y problemática, compuesta mayormente por niños negros y puertorriqueños mezclados con unos cuantos niños italianos de clase trabajadora, la maestra apenas me prestó atención. Volví a aprender la lengua rápidamente por el método de inmersión. Recuerdo un día, poco después de que empecé a formar parte del ruidoso grupo, cuando nuestra maestra regular estaba ausente y Mrs. D., la maestra de sexto grado al otro lado del pasillo, intentaba supervisar ambos grupos. Ella garabateó algo en la pizarra y se fue a su salón. Sentí una apremiante necesidad de ir al baño y le pregunté a Julio, el niño puertorriqueño que se sentaba detrás de mí, lo que tenía que hacer para pedir permiso. Me dijo que Mrs. D. había escrito en la pizarra que nos podía dar permiso si escribíamos el nombre debajo del aviso. Me levanté del pupitre y empecé a dirigirme hacia el frente cuando alguien me dio un golpe con un libro en la cabeza. Asustada y adolorida, me di la vuelta esperando encontrar a uno de los muchachos malos de mi clase, pero fue a Mrs. D. a quien encontré. Recuerdo su cara enojada, sus dedos en mis brazos halándome hacia mi pupitre y su voz que decía cosas que me eran incomprensibles en un tono siseante. Por fin alguien le explicó que yo era nueva, que no hablaba inglés. También recuerdo cómo la cara le cambió de enojo a ansiedad. Pero no la perdoné por golpearme con aquella cartilla fonética encuadernada en pasta. Sí, todavía hoy podría reconocer aquel libro. Pasaron años antes de que yo dejara de odiar a aquella maestra por no comprender que un compañero de clase me había traicionado y que no había sido capaz de entender su advertencia en la pizarra. Instintivamente comprendí

entonces que la lengua es la única arma que un niño tiene
contra el poder absoluto de los adultos.

Rápidamente construí mi arsenal de palabras al con-
vertirme en insaciable lectora.

La magia del patio de la escuela

Reclinada en la verja de la Escuela Pública número 11,
con la piel agrietada en la cruda brisa de un día de diciembre,
me enfundo bien en la ropa y observo a las niñas negras
que brincan la cuica tan rápida y acaloradamente que mi
                                        propia piel responde.
Abrigos rojos, verdes, de tela escocesa se inflan alrededor
de piernas largas, haciéndolas lucir como flores y pájaros
                                        exóticos.
Cantan una canción al compás del slap-salp
de un cordel en el concreto.

> *Un marinero se fue al mar, mar, mar,*
> *a ver lo que podía mirar, mirar, mirar,*
> *y todo lo que pudo mirar, mirar, mirar,*
> *fue el fondo azul del profundo mar, mar, mar...*

El edificio de ladrillo enmarca su juego,
la salida de emergencia enmohecida cuelga sobre su cabeza,
el humo negro se enrosca en espirales,
todo se desvanece,
mientras dejo que mi sangre responda al llamado de su canción,
liberando mis manos de todas las envolturas de invierno,
aplaudo hasta que las palmas de mis manos enrojecen,
y mi voz se une a las de ellas,
subiendo más alto de lo que jamás me atreví.

El olvido

Es algo peligroso
olvidar el clima de tu lugar natal
ahogar las voces de parientes muertos
cuando en sueños te llaman
por tu nombre secreto.
Es peligroso
despreciar la ropa que naciste para llevar
por amor a la moda; peligroso
usar armas e instrumentos punzantes
que no te son conocidos; peligroso
desdeñar los santos de yeso
ante los cuales tu madre se arrodilla
para rezar con un fervor que da vergüenza
para que tú sobrevivas en el lugar donde has escogido vivir:
un cuarto desnudo, frío, sin cuadros en las paredes,
un lugar olvidado donde ella teme que morirás
de soledad y abandono.
Jesús, María y José, dice,
el olvido es algo peligroso.

Cuentos contados bajo el árbol de mangó

María Sabida

Había una vez una muchacha tan inteligente que era conocida en todo Puerto Rico como María Sabida. María Sabida nació con los ojos abiertos. Dicen que en el momento de su nacimiento le habló a la comadrona y le dijo qué hierbas debía usar para hacer un guarapo especial, un té que haría que su madre se restableciera inmediatamente. Dicen que las dos mujeres habrían creído que la niña estaba poseída por el demonio si María Sabida no las hubiera convencido con sus descripciones de la vida en el cielo de que estaba tocada por Dios y no engendrada por el demonio.

María Sabida creció durante la época en que el rey de España era dueño de Puerto Rico, pero se había olvidado de enviar la ley y la justicia a esta islita perdida en el mapa del mundo. Y así, ladrones y asesinos merodeaban aterrorizando a los pobres. Para cuando María Sabida estaba de edad casadera, uno de esos ladrones se había apoderado del distrito donde ella vivía.

Por años la gente había sido presa del abuso de este malvado y de sus secuaces. Robaba el ganado y luego hacía que le compraran las vacas. Cogía las mejores gallinas y productos frescos cuando venía al pueblo los sábados por la tarde montado a caballo y galopaba por los puestos que los campesinos habían levantado. Les volcaba las mesas y les gritaba: "Pónganmelo en mi cuenta". Pero, desde luego, nunca pagaba por nada de lo que cogía. Un año varios niños desaparecieron mientras iban caminando para el río y aunque la gente del pueblo buscó y buscó, nunca se encontró ni rastro de ellos. Ahí fue que María Sabida entró en el panorama. Tenía quince años entonces y era una muchacha hermosa, con la valentía de un hombre, según dicen.

La próxima vez que el jefe de los ladrones pasó por el pueblo haciendo destrozos María Sabida lo veló. Vio que era un hombre joven: tenía la piel roja y tosca como el cuero. Cuero y sangre, nada más, se dijo. Y así se preparó para conquistarlo o para matarlo.

María Sabida siguió el rastro de los caballos bien entrado en el bosque. Aunque el pueblo se había quedado bien atrás, nunca se sintió atemorizada ni perdida. María Sabida sabía leer las direcciones en el sol, la luna y las estrellas. Cuando le daba hambre, sabía las frutas que podía comer, las raíces y hojas que eran venenosas, y cómo seguir las pisadas de los animales hasta llegar a una charca. Por la noche, María Sabida llegó a la orilla de un claro donde había una casa grande, casi como una fortaleza, en medio del bosque.

—Ninguna mujer ha puesto el pie antes en esa casa —pensó— esto no es una casa, sino una guarida para hombres—. Era una casa construida para la violencia, sin ventanas en el primer piso, pero había torreones en el techo donde los hombres podían vigilar con pistolas. Esperó hasta que casi oscureció y se acercó a la casa por el lado de la cocina. La encontró por el olor.

En la cocina, donde ella sabía que tenía que haber una puerta o una ventana para la ventilación, vio a un anciano meneando una olla grande. De la olla salían bracitos y piernas. Enojada por lo que veía, María Sabida entró en la cocina, le dio un empujón al anciano, alzó la olla y echó su horrible contenido por la ventana.

—Bruja, bruja, ¿qué has hecho con la sopa de mi amo? —gritó el anciano. —Nos matará a los dos cuando regrese y vea que se le ha echado a perder su comida.

—Anda, viejo asqueroso—. María Sabida agarró al anciano por la barba y lo levantó. —Tu amo va a tener la mejor comida de su vida si sigues mis instrucciones.

Entonces María Sabida procedió a preparar el asopao más delicioso que el anciano había probado, pero no le contestaba preguntas sobre ella, sino que se limitaba a decir que era la novia del amo.

Cuando acabó la comida, María Sabida se estiró y bostezó, y dijo que subiría a descansar hasta que llegara su prometido. Subió las escaleras y esperó.

Los hombres llegaron y se comieron vorazmente la comida que María Sabida había preparado. Cuando el jefe de los ladrones elogió al anciano por la exquisita comida, el cocinero admitió que había sido la prometida quien había preparado el sabroso asopao de pollo.

—¿Mi qué? —vociferó el líder. —Yo no tengo prometida—. Y él y sus hombres subieron las escaleras corriendo. Pero había muchos pisos y para cuando iban por la mitad, muchos de los hombres habían caído inconscientes y los otros iban despacio, como si se arrastraran, hasta que también cayeron presas de un sopor irresistible. Sólo el jefe de los ladrones consiguió llegar hasta donde María Sabida lo estaba esperando sujetando un remo que había encontrado entre las armas. Haciendo un esfuerzo por mantener los ojos abiertos, él le preguntó: —¿Quién eres y por qué me has envenenado?

—Soy tu futura esposa, María Sabida, y no estás envenenado; le añadí al asopao un soporífero especial que sabe a orégano. No te vas a morir.

—¡Bruja! —gritó el jefe de los ladrones— te mataré. ¿Acaso no sabes quién soy?— Y tratando de alcanzarla, cayó de rodillas, María Sabida lo golpeó con el remo hasta que lo dejó enroscado como un niño en el piso. Cada vez que él trataba de atacarla, ella lo golpeaba un poco más. Cuando se dio por satisfecha de que él estaba vencido, María Sabida salió de la casa y regresó al pueblo.

Una semana después, el jefe de los ladrones entró en el pueblo cabalgando otra vez con sus hombres. Para entonces todo el mundo sabía lo que María Sabida había hecho y tenían miedo de lo que estos malvados harían en venganza. —¿Por qué no lo mataste cuando tuviste la oportunidad, muchacha?—, le habían preguntado muchas mujeres del pueblo a María Sabida. Pero ella sólo había respondido misteriosamente: —Es mejor conquistar que matar. Entonces los habitantes del pueblo se atrincheraron detrás de las puertas cerradas cuando oyeron el ruido de los caballos de los ladrones que se acercaban. Pero la pandilla no se detuvo hasta que llegó a la casa de María Sabida. Allí los hombres, en vez de pistolas, sacaron instrumentos musicales: un cuatro, un güiro, maracas y una sinfonía de boca. Entonces tocaron una melodía preciosa.

—María Sabida, María Sabida, mi fuerte y sabia María —gritó el jefe, sentado muy derecho en su caballo bajo la ventana de María Sabida— sal y escucha la canción que te he compuesto. Le he puesto de título *La balada de María Sabida.*

Entonces María Sabida apareció en el balcón vestida de novia. El jefe de los ladrones le cantó su canción: una alegre melodía acerca de una mujer que tenía el valor de un hombre y la sabiduría de un juez, y que había conquistado el corazón del mejor bandido de la Isla de Puerto Rico. Tenía una voz fuerte y toda la gente que se había encerrado muerta de miedo en sus casas escuchaba su tributo a María Sabida y se persignaban ante el milagro que ella había obrado.

Uno por uno todos salieron y pronto el batey de María Sabida estaba lleno de personas que cantaban y bailaban. Los ladrones habían venido preparados con barriles de vino, botellas de ron y un bizcocho de boda que el viejo cocinero había preparado con la suave tela de los cocos. El jefe de los ladrones y María Sabida se casaron ese día. Pero no todo se había arreglado entre ellos. Esa noche, mientras cabalgaba detrás de él en su caballo, ella sintió la daga que él escondía bajo su ropa. Entonces supo que no había ganado del todo la batalla por el corazón de este hombre.

En su noche de bodas María Sabida sospechaba que su esposo quería matarla. Después de la cena, que el hombre había insistido en preparar él mismo, subieron a sus habitaciones. María Sabida le pidió que la dejara sola por un momento para prepararse. Él le dijo que iba a dar un paseo pero que regresaría bien pronto. Cuando lo oyó salir de la casa, María Sabida bajó a la cocina y sacó varios galones de miel de la despensa. Regresó al cuarto y moldeó una muñeca de tamaño natural con su ropa y la rellenó con miel. Entonces apagó la vela, cubrió la figura con una sábana y se escondió debajo de la cama.

Después de un ratito, oyó que el esposo subía las escaleras. Entró en puntillas al cuarto oscuro pensando que ella estaba dormida en el lecho nupcial. Asomándose por debajo de la cama, María Sabida vio el destello del cuchillo que su esposo sacó de la camisa. Como una pantera feroz saltó a la cama y apuñaló el cuerpo de la muñeca una y otra vez con su daga. La miel le salpicó la cara y le cayó en los labios. Asombrado, el hombre saltó de la cama y se lamió los labios.

—¡Qué dulce es la sangre de mi esposa! ¡Qué dulce es María Sabida muerta; qué amarga cuando estaba viva y qué dulce muerta! Si hubiera sabido que era tan dulce, no la habría asesinado—. Y al esto declarar, se arrodilló al lado de la cama y le rezó al alma de María Sabida para pedirle perdón.

En ese momento, María Sabida salió de su escondite.

—Esposo, una vez más te he engañado, no estoy muerta—. En su alegría, el hombre arrojó el cuchillo y abrazó a María

Sabida, jurando que nunca más mataría ni robaría. Y cumplió su promesa pues con el correr de los años se convirtió en un campesino honrado. Muchos años más tarde se le eligió alcalde del mismo pueblo que había aterrorizado con su pandilla de ladrones.

María Sabida hizo una verdadera casa de la guarida de los ladrones y tuvieron muchos hijos juntos, y todos sabían hablar al nacer. Pero, dicen que María Sabida siempre dormía con un ojo abierto y es por eso que llegó a los cien años y fue la mujer más sabia de la Isla y su nombre se conocía hasta en España.

—Colorín, colorado este cuento se ha acabado—. Mamá se daba con las palmas de las manos en las rodillas y decía este versito para indicarnos a los niños sentados alrededor de ella debajo del gigantesco árbol de mangó que el cuento se había terminado. Era hora de que fuéramos a jugar y dejáramos solas a las mujeres para que bordaran a la sombra del árbol y hablaran de cosas serias.

Recuerdo aquel árbol como una maravilla de la naturaleza. Era grande, con un tronco que sólo podían abarcar cuatro o cinco niños cogidos de la mano. La copa era tan frondosa que la sombra que daba proveía un espacio fresco donde nos refugiábamos del sol candente. Cuando un aguacero inesperado nos cogía allí, a las mujeres les daba tiempo para recoger sus materiales de bordar antes de que las gotas atravesaran las ramas. Pero lo más asombroso de ese árbol era el trono que le proveía a Mamá. En el tronco había una protuberancia lisa que parecía un asiento. Era perfecta como un trono de cuentista. Ella tomaba asiento en él y se reclinaba. Las otras mujeres —mi madre y sus hermanas— traían toallas donde sentarse; los niños se sentaban en cualquier sitio. A veces nos encaramábamos en una gruesa rama que llamábamos "el barco", a la derecha del trono, y desde allí escuchábamos. "El barco" era un muñón grueso que colgaba hasta tocar la tierra. Hasta tres niños se podían sentar en esta rama mientras los otros saltaban en el extremo que daba a la tierra haciéndola columpiarse como si fuera un barco. Cuando Mamá contaba sus cuentos, nos sentábamos callados en nuestro nido de cuervos porque si alguien interrumpía la narración, ella dejaba de hablar y no importaba lo mucho que le rogáramos, nada la convencería de terminar el cuento ese día.

Cuando mi madre nos llevó a mi hermano y a mí a Puerto Rico por primera vez, nos sorprendió el calor y nos confundió que la casa estuviera llena de parientes. La casa de Mamá estaba llena a capacidad de niños porque dos de las hijas casadas habían venido a quedarse allí hasta que los maridos las mandaran a buscar: mi madre y nosotros dos, y la hermana mayor de ella con sus cinco hijos. Mamá todavía tenía a tres de sus hijos en casa, quienes fluctuaban en edad desde una hija adolescente hasta mi tío favorito, seis meses mayor que yo.

Nuestra solitaria vida en New Jersey, donde pasábamos los días dentro de un apartamento pequeño y oscuro mirando televisión y esperando a que nuestro padre regresara con permiso de la Marina, no nos había preparado para la vida en casa de Mamá o para la multitud de primos, tías y tíos que nos hacían entrar en sus conversaciones a todo volumen y en sus juegos brutos. Durante los primeros días, mi hermanito mantenía la cabeza firmemente enterrada en el cuello de mi madre, mientras yo me quedaba relativamente cerca de ella; pero con casi seis años y la habilidad de hablar tan alto como cualquiera, pronto me uní a la tribu de Mamá.

En las últimas semanas antes de empezar la escuela, cuando hacía mucho calor para cocinar antes de que oscureciera casi por completo y cuando las madres ni siquiera dejaban que los muchachos fueran al terreno de juego y al parque por temor a una insolación, Mamá nos llevaba al árbol de mangó, y allí tejía sobre nosotros la madeja de sus cuentos, haciéndonos olvidar el calor, los mosquitos, nuestro pasado y hasta la amenaza de un primer día de clases que colgaba sobre nosotros.

Fue debajo de ese árbol de mangó donde empecé a sentir el poder de las palabras. No puedo decir que siempre comprendí los cuentos que oí allí. Algunos de ellos estaban basados en folclore antiguo traído a las colonias por los españoles de sus propias versiones de mitos aún más antiguos de origen griego y romano, los cuales —según descubrí más adelante gracias a mi insaciable lectura— habían sido modificados ingeniosamente para adaptarse a otros tiempos. María Sabida se convirtió en el modelo que Mamá usaba para "la mujer que triunfa"— la mujer que dormía con un ojo abierto —que absorbía su sabiduría a través de los sentidos: del mundo natural y de experiencias corrientes. Su principal virtud era que siempre estaba alerta y que nunca era una víctima. Como consecuencia, se le contrastaba con María la Loca, la pobre muchacha que todo lo dio por amor, haciéndose víctima de su propio corazón insensato.

El mangó estaba en lo alto de una loma, en tierra que le pertenecía a "el americano", o por lo menos a la central azucarera que él administraba. La Central, como se le llamaba, empleaba a la mayoría de los hombres del pueblo. Sus altas chimeneas se perfilaban sobre el pueblo como centinelas, arrojando penachos de humo gris que llenaban el aire durante la temporada de la caña con el aroma espeso y almibarado de azúcar quemada.

En mi niñez los campos de caña de azúcar bordeaban ambos lados de la carretera principal, que parecía una partidura en una cabeza de pelo verde y puntiagudo. Según nos aproximábamos al pueblo en nuestro viaje de regreso, recuerdo que mi madre se incorporaba en el asiento trasero del carro público que nos había traído del aeropuerto de San Juan. Aunque nos señalaba el campanario de la famosa iglesia de La Monserrate, a mí me distraía el movimiento hipnótico de los hombres que movían los machetes en los campos. No tenían camisa y el sudor les corría por la espalda. Bañados por la luz reflejada en las hojas de los machetes, los trabajadores se movían como si estuvieran en un escenario de ballet. Me preguntaba si practicaban como los bailarines para perfeccionar su sincronización. No se me ocurría que lo que hacían era "coreografía para sobrevivir"— meramente una medida de seguridad —porque darle al machete a lo loco podría llevarlos a perder los dedos y las extremidades. O, como le oí decir a una de las mujeres una vez "en los cañaverales hay suficientes partes del cuerpo como para armar a un hombre".

Y aunque ya se usaban camiones en la mayor parte de las centrales, en nuestro pueblo gran parte de la cosecha de caña todavía se transportaba de los cañaverales al trapiche en carretas de bueyes en las cuales se amontonaban tantas varas que cuando se iba detrás de una de ellas no se podía ver ni al carretero ni a los animales al frente: era como un montón de paja en movimiento.

Para los conductores de carros eran un dolor de cabeza y una amenaza en la carretera. Una ventolera podía soplar la caña que sobresalía por arriba y destrozar un parabrisas. Pero lo que la mayor parte de los conductores odiaba era quedarse atrapado detrás de una carreta que se quedaba con toda la carretera y que se movía a cinco millas por hora y no le hacía caso a la bocina, a la mano rabiosa que hacía señas ni al hombre de cara enrojecida que gritaba improperios. En los años siguientes este vehículo sería reemplazado casi en su totalidad por los camiones de plataforma abierta que también se cargaban hasta el límite y que viajaban por las carreteras de la Isla a sesenta o setenta millas por hora, sin concederle a ningún otro vehículo (con la excepción de los carros de la policía) el derecho a pasar. El conductor mantenía la mano en la bocina y ése era todo el aviso que un carro de pasajeros recibía. Echarse a un lado, como si se tratara de un vehículo de emergencia, casi siempre era el mejor plan a seguir.

Chupábamos los pedacitos de caña de azúcar que Mamá nos había cortado debajo del árbol de mangó. Más abajo de donde estábamos se extendía un prado hasta la carretera y los cañaverales se veían en la distancia; los hombres en su perpetuo movimiento nos parecían hormiguitas negras. Si se miraba hacia arriba, se veía el techo rojo de la casa del americano. Era una casa blanca grande con un amplio salón cubierto de tela metálica (en esa época esto era una rareza tan grande en la Isla que a todas las casas diseñadas de esa forma se les conocía como "americanas"). En casa de Mamá dormíamos cómodamente debajo de mosquiteros, pero durante el día luchábamos contra los insectos con nuestras propias manos y, cuando perdíamos una batalla, aliviábamos con loción de calamina la piel en carne viva por rascarnos.

Durante las primeras semanas de nuestras visitas, tanto mi hermano como yo, como éramos carne fresca y tierna, teníamos la piel como un blanco de tiro rosado, salpicada de manchas rojas donde los insectos habían acertado la puntería. Sorprendentemente, o desarrollamos una resistencia, o los mosquitos se dieron por vencidos, pero sucedía todas las veces: un período de vergüenza por ser "turistas" rosados, seguido por piel morena e inmunidad. Viviendo detrás de la tela metálica, el matrimonio americano nunca desarrollaría la piel resistente que se necesitaba para sobrevivir en la Isla.

Cuando Mamá hacía cuentos sobre reyes y reinas y castillos, señalaba para la casona de la loma. Se suponía que no nos acercáramos al lugar. De hecho, estábamos invadiendo el terreno cuando íbamos al árbol de mangó. El patio de Mamá terminaba en la verja de alambre de púas que conducía al prado del americano. El árbol estaba precisamente al otro lado. En algún momento antes de yo nacer, ella había colocado un palo fuerte debajo del alambre de púas para hacer una entrada; pero se podía levantar sólo hasta cierto punto, así que hasta los niños tenían que pasar arrastrándose. Parecía que Mamá saboreaba lo difícil que se hacía llegar hasta nuestro lugar especial. Para nosotros los niños era divertido ver a nuestras madres con el pelo y la ropa enganchados en el alambre y escucharlas decir malas palabras.

El prado era un reino mágico de tesoros y lugares secretos que descubrir. Hasta tenía un castillo prohibido que podíamos contemplar a la distancia.

Mientras las mujeres bordaban, mis primas y yo recogíamos hojas y espinas de un árbol de limón y hacíamos nuestro propio e imaginativo tejido. Los niños estaban en "la selva" recogiendo hojas de plátano con las cuales construirían carpas de indios. A imitación de los mayores que siempre tenían un cigarrillo colgando de la boca, cogíamos los capullos sin abrir de las pavonas, los cuales, por sus puntas rojas, nos parecían cigarrillos encendidos. Nos pegábamos pétalos de flores silvestres a las uñas y, aunque no se nos quedaban por mucho tiempo, por un ratito nuestras manos, ocupadas agujereando las hojas con las espinas del limonero formando diseños, se parecían a las de nuestras madres, con las uñas pintadas de rojo, que empujaban la aguja y el hilo a través del lino blanco, creando paisajes inverosímiles de enredaderas y flores, y decoraban las sábanas y las fundas sobre las cuales dormíamos.

Cogíamos guayabas maduras en su temporada y se las echábamos en la amplia falda de Mamá para que las inspeccionara antes de comérnoslas por si tenían gusanos. La dulzura de una guayaba madura no se puede comparar con nada: su pulpa rosada y pegajosa se puede tener en la lengua y saborearse como un caramelo.

Durante la temporada del mangó tirábamos piedras a las ramas de nuestro árbol, que estaban bajitas y cargadas de frutas. Más adelante en la temporada, un muchacho se subía a las ramas más altas para alcanzar las mejores frutas, algo que yo siempre deseé hacer pero que nunca se me permitió: era peligroso.

Los días en que Mamá se sentía verdaderamente en ánimo de fiesta, nos mandaba a la tienda con tres dólares para que compráramos diez botellas de refresco *Old Colony* y con lo que sobrara, dulces surtidos: *Mary Jane*, goma de mascar *Bazooka*, paletas, cajas de dos pastillas de *Chiclets*, dulce de coco envuelto en papel encerado y otras cosas, todo guardado en grandes frascos de cristal y a dos por un chavo. Teníamos nuestro festín bajo el árbol de mangó y entonces escuchábamos un cuento. Después, nos turnábamos en el columpio que tocaba el cielo.

Mi abuelo había hecho un columpio con una plancha de madera pesada y una soga gruesa. Bajo la supervisión de Mamá lo había colgado de una rama baja y resistente del árbol de mangó que se extendía por encima de la curvatura de la loma. En otras palabras, uno se montaba en el columpio y como el árbol sobresalía, un sólo empujón era suficiente para despegar a alcanzar el cielo. Era casi como volar. Desde el punto más alto que jamás alcancé, pude ver la casona, como la vería un pájaro; y a lo lejos, debajo de mí, mi familia en un círculo debajo del árbol, alejándose, volviéndose pequeños; entonces, según regresaba, más grandes, los ojos de mi madre en mí, reflejaban el miedo que sentía por mi seguridad y que no expresaría frente a su madre para no exponerse a pasar por encima de la autoridad de la otra. El mayor temor de mi madre consistía en que mi hermano o yo nos diéramos un golpe mientras estábamos en casa de Mamá y que tendría que responderle a mi padre, excesivamente protector, cuando llegara de su viaje de trabajo en Europa. Y un día, como el miedo invita los accidentes, me caí de mi viaje a las nubes.

Me había estado impulsando más y más cuando con el rabo del ojo vi a mi primo mayor, Javier, corriendo a toda velocidad detrás de su hermanito con un palo como si fuera a golpearlo. Esto ocurrió rápidamente. El muchachito, Roberto, corrió hacia donde estaba Mamá, quien en ese momento hablaba con mi madre y se inclinaba hacia ella. Al tratar de alcanzar a su hermano antes de que se le escapara, Javier lanzó un golpe y accidentalmente le dio a mi madre en plena cara. Lo vi ocurrir. Lo vi como si fuera a cámara lenta. Vi que los espejuelos rotos de mi madre salieron volando y que la sangre comenzó a manar. Mareada, solté las cuerdas del columpio y salí volando de las nubes y las copas de los árboles hasta el suave cojín de hierba y simplemente rodé y rodé. Entonces me quedé allí aturdida, con el sabor de la hierba y la tierra en la boca, hasta que los fuertes brazos de Mamá me levantaron. Me llevó por debajo de la verja y me cargó hasta la casa donde mi madre me llamaba gritando como una histérica. Los espejuelos de mi madre la habían protegido de una herida seria. El chichón en la frente era algo sin importancia. Ya se le había parado la sangre de la nariz gracias a un método antiquísimo de colocar un centavo de cobre en el puente de la nariz, entre los ojos. Sus lágrimas me molestaron pero no tanto como la forma en que me hizo parar frente a ella, en frente de todos, mientras examinaba todo mi cuerpo buscando magulladuras, rasguños y huesos rotos. —Qué va a decir tu padre—, decía una y otra vez hasta que Mamá me separó de ella. —Nada—, le dijo a mi madre, —si tú no se lo cuentas. Y dejando que sus hijas mayores se consolaran una a otra, llamó a los niños para salir al patio donde me hizo organizar un juego de esconder que ella supervisó, atrapando a los tramposos a diestra y siniestra.

Cuando llovía, a los niños se les hacía tomar una siesta o jugar en silencio en el cuarto. Yo pedía dormir en la monumental cama de pilares de Mamá y cuando llegaba mi turno, me lo concedía. Allí quedaba a cuatro o cinco pies del suelo respirando sus especiales olores de aceite de coco (que ella usaba para acondicionar su abundante pelo negro) y de jabón *Palmolive*. Me deleitaba con sus blandas almohadas y su colchón cubierto de ropa de cama bordada magníficamente. Me adormecía escuchando el murmullo de la conversación de las mujeres afuera en la sala.

Del otro lado de las puertas dobles del dormitorio azul pavo de Mamá, podía oírla hablando con sus hijas mayores de cosas que, a mi edad, no me interesaban: leían cartas enviadas por mi padre mientras viajaba con la Marina por Europa, o cartas de los numerosos parientes que se abrían paso en los barrios de Nueva York y de New Jersey, trabajando en la fábricas y soñando con regresar a Puerto Rico por todo lo alto.

Las mujeres discutían el nuevo año escolar y planeaban ir de compras a la ciudad más cercana, Mayagüez, para comprar la tela de los uniformes escolares de los niños, quienes para septiembre tenían que estar ataviados de marrón y blanco, listos para marchar hacia la escuela pública, parecidos a las tropas de Mussolini en nuestros aburridos uniformes. Su conversación cobraría más sentido para mí según me fuera haciendo mayor, pero ese primer año en la Isla, me encontraba bajo el hechizo de María Sabida. Para entretenerme, me inventaba cuentos sobre la muchacha más inteligente de todo Puerto Rico.

Cuando María Sabida sólo tenía seis años, empecé, le salvó la vida a su hermanito. Él se estaba muriendo con el corazón destrozado, tú sabes, porque quería desesperadamente unas guayabas dulces que crecían en lo alto de una colina empinada y rocosa, cerca de la guarida de un feroz dragón. Nadie se había atrevido jamás a subir aquella loma, aunque todos podían ver el inmenso guayabo y las frutas, grandes como peras, que colgaban de sus ramas. El hermanito de María Sabida se le había quedado mirando al árbol hasta que se había enfermado de ansiar la fruta prohibida.

Todos sabían que la única forma de salvar al muchacho era darle una de las guayabas. Los padres de María Sabida estaban locos de preocupación. El niñito se les estaba consumiendo rápidamente. El padre intentó subir la traicionera colina para llegar al guayabo, pero las rocas estaban sueltas y por cada paso que adelantaba, retrocedía tres. Regresó a la casa. La madre se pasaba los días cocinando deliciosos platos con los cuales tentar a su hijito para que comiera, pero él sólo volvía sus tristes ojos hacia la ventana de su cuarto desde donde podía ver el guayabo cargado con el único alimento que quería. El doctor vino a examinar al niño y lo declaró perdido. Vino el cura y les dijo a las mujeres que debían empezar a hacerse vestidos negros. Toda esperanza parecía perdida cuando a María Sabida, de cuya existencia al parecer todos se habían olvidado, se le ocurrió una idea para salvar a su hermano un día mientras se lavaba el pelo en la forma especial en que su abuela le había enseñado.

Su Mamá le había enseñado a recoger el agua de la lluvia —el agua del cielo— en un barril y luego, a la hora de lavarse el pelo, coger un coco fresco y sacarle el aceite de sus blancas entrañas. Entonces se tomaba un recipiente con agua de lluvia y se le añadía el aceite de coco para usar la mezcla para enjuagarse el pelo. Su Mamá le había enseñado que el agua de lluvia, al venir del cielo, tenía pedacitos de brillo de estrellas. Esta sustancia de estrellas era lo que hacía que el pelo brillara, el aceite hacía que se pegara.

Fue mientras María Sabida estaba mezclando el brillo de estrellas que tuvo la idea brillante que salvó a su hermano. Corrió hacia su padre, que estaba en el establo dándole de comer a la mula, y le preguntó si podía tomar prestado el animal esa noche. El hombre, asustado ante la apariencia extraña de su hija (el pelo mojado le chorreaba y todavía tenía en la mano los restos del coco), al principio sólo le ordenó que entrara en la casa, pensando que se había enloquecido de dolor por la muerte inminente de su hermano. Pero María Sabida era muy terca y se negó a moverse hasta que sus padres escucharan lo que ella tenía que decir. El hombre llamó a su esposa al establo y cuando María Sabida terminó de decirles su plan, él todavía pensaba que se había vuelto loca. Estuvo de acuerdo con su desesperada esposa de que en este momento valía la pena intentar cualquier cosa. Le permitieron a María Sabida usar la mula esa noche.

Entonces María Sabida esperó hasta que estuvo oscuro como boca de lobo. Sabía que no habría luna esa noche. Luego sacó agua del barril y la mezcló con bastante aceite de coco y con ella le embadurnó las pezuñas de la mula. Llevó al animal al pie de la colina rocosa donde el olor dulce y espeso de las guayabas maduras era irresistible. La misma María Sabida sintió que caía presa de su hechizo. Se le hizo la boca agua y se sintió atraída por el guayabo. La mula debió sentir lo mismo porque empezó a caminar antes que la muchacha con pasos rápidos y firmes. Aunque algunas piedras cayeron rodando, el animal encontró apoyo y al así hacerlo, dejó un sendero luminoso con los pedacitos de brillo de estrella que María Sabida le había puesto en las pezuñas. María Sabida tenía los ojos fijos en el camino luminoso porque era una noche oscura, oscura.

Según se acercaba al guayabo, el dulce aroma era como un líquido que ella bebía por la nariz. Podía ver las frutas al alcance de su brazo cuando la vieja mula estiró el pescuezo para comerse una y un horrible brazo escamoso agarró al animal y de un tirón lo sacó del camino. Rápidamente María Sabida agarró tres guayabas y bajó corriendo por el sendero dorado hasta llegar a su casa.

Cuando entró en el cuarto de su hermanito, ya las mujeres se habían congregado alrededor de la cama con flores y rosarios, y como María Sabida era una muchachita y no podía ver más allá del gentío, pensó por un terrible minuto que había llegado demasiado tarde. Afortunadamente, su hermano olió las guayabas desde este lado de la muerte y se incorporó en la cama. María Sabida se abrió paso entre el gentío y le dio a comer una. En cuestión de minutos le regresó el color a las mejillas. Todos se regocijaron al recordar otras cosas maravillosas que ella había hecho y por las cuales se llamaba "Sabida".

Y, sí, María Sabida se comió una de las guayabas encantadas y nunca se enfermó ni un sólo día en toda su larga vida. Con la tercera guayaba se hizo una jalea que podía curar todas las enfermedades infantiles imaginables, desde un dolor de muelas hasta la varicela.

—Colorín, colorado ...—, debo haberme dicho, —colorín, colorado ...—, según bordaba mi propia fábula, mientras escuchaba aquella voz que, cuando yo era muy pequeña, sonaba igualita que la de Mamá cuando contaba sus cuentos en el salón o bajo el árbol de mangó. Y más adelante, cuando gané más confianza en mi propia habilidad, la voz que contaba el cuento era la mía propia.

Fulana

Ella era la mujer sin nombre. El blanco se llenaba
con *Fulana* delante de los niños.
Pero la conocíamos—era la muchacha salvaje
con la cual no se nos permitía jugar,
la que se pintaba la cara
con el maquillaje de su madre ausente,
y la que siempre quería ser —la esposa—
cuando jugábamos a las mamás y a los papás.
La aburrían otros juegos,
prefería poner el radio a todo volumen
para escuchar canciones sobre mujeres y hombres
que se amaban y se peleaban al compás
de guitarras, maracas y tambores.
Quería ser una bailarina en el escenario,
sólo vestida de plumas amarillas.

Y crecía despreocupada como un pájaro,
perdiendo contacto con su nombre durante los años
en que su cuerpo era tan ligero que podía volar.
Para cuando la gravedad empezó a halarla
hacia donde los animales de la tierra rumian
la rutina doméstica, pertenecía a una especie
diferente. Se había convertido en *Fulana*,
la criatura que llevaba en la espalda
las cicatrices de las alas cortadas,
cuyo nombre no se podía mencionar
delante de niñitas impresionables
que pudieran empezar a preguntarse cómo volar,
cómo se verían desde lo alto
las casas de sus prosaicas madres,
los campos y los ríos, las escuelas y las iglesias.

Bailando en silencio

Tenemos una película casera de esta fiesta. Varias veces mi madre y yo la hemos visto juntas y le he hecho preguntas sobre los silenciosos fiesteros que entran y salen de la pantalla. La imagen es granosa y de corta duración pero es un gran recurso visual para ayudarme a recordar mi vida en aquel entonces. Y es en colores—la única escena completamente en colores que puedo recordar de aquellos años.

Vivimos en Puerto Rico hasta que mi hermano nació en 1954. Poco después, debido a las presiones económicas sobre nuestra familia en aumento, mi padre se enlistó en la Marina de los Estados Unidos. Fue asignado a un barco en Brooklyn Yard, New York City, un lugar de cemento y acero que había de ser su base en los Estados Unidos hasta que se jubilara más de veinte años después.

Él salió de la Isla primero, siguiéndole la pista a un tío suyo que vivía con su familia al otro lado del Río Hudson, en New Jersey. Allí encontró un apartamentito chiquitito en un enorme edificio de apartamentos que una vez había alojado a familias judías y que acababa de transformarse en un caserío de puertorriqueños que se desbordaban de New York City. En 1955 nos mandó a buscar. Mi madre sólo tenía veinte años, yo todavía no tenía tres y mi hermano empezaba a andar cuando llegamos a El *Building*, como los nuevos residentes habían bautizado el lugar.

Mis recuerdos de la vida en New Jersey durante esos primeros años son en tonos de gris. Tal vez yo era demasiado pequeña para absorber los colores vívidos y los detalles, o para distinguir entre el azul pizarra del cielo de invierno y los tonos más oscuros de las nubes de nieve, pero el único color cubre toda esa época. El edificio donde vivíamos era gris, las calles eran grises por la nieve medio derretida de los primeros meses de mi vida allí, el abrigo que mi padre me había comprado era de color oscuro y demasiado grande. Caía pesadamente sobre mi cuerpo delgado.

Lo que sí recuerdo es la forma en que golpeaban y repiqueteaban los tubos del calentador, haciendo que nos despertáramos sobresaltados hasta que nos acostumbramos al sonido de tal forma que automáticamente o lo pasábamos por alto o hablábamos por encima del alboroto. El silbido de la válvula me interrumpía mientras dormía —siempre he tenido problemas para dormir— como una presencia no humana en el cuarto —el dragón dormido a la entrada de mi niñez. Pero las tuberías eran una conexión con la vida de todos los otros seres que vivían alrededor de nosotros. Por haber venido de una casa hecha para una sola familia en Puerto Rico— la casa de la familia extendida de mi madre —era curioso saber que había extraños que vivían debajo de nuestro piso y encima de nuestra cabeza, y que la tubería del calentador atravesaba los apartamentos de todo el mundo. (Mi primera pela en Paterson vino como resultado de tocar melodías en los tubos de mi cuarto para ver si había respuesta.) Para mi madre este concepto de vida de colmena era tan nuevo como para mí, pero mi padre le había dado órdenes estrictas de tener las puertas cerradas con llave todo el tiempo, mantener el ruido bajo control, no hacer amistad con nadie.

Parece que *Father* había aprendido algunas lecciones dolorosas acerca del prejuicio mientras buscaba apartamento en Paterson. No fue sino hasta años después que me enteré de la resistencia que había enfrentado de parte de los propietarios que estaban asustados ante la afluencia de latinos al vecindario que había sido judío durante dos generaciones. Pero era el fenómeno americano de rotación étnica lo que estaba cambiando el corazón urbano de Peterson y no se podía detener el torrente humano con un dedo acusador.

—¿Tú cubano? —le había preguntado a mi padre el hombre, señalando con el dedo la chapa de su nombre en el uniforme de la Marina, a pesar de que mi padre tenía la piel clara y el pelo castaño claro de sus antepasados del norte de España y nuestro apellido es tan común en Puerto Rico como lo es Johnson en los Estados Unidos.

—No —había contestado mi padre mirando más allá del dedo a los ojos enojados de su adversario. —Soy puertorriqueño.

—La misma mierda—. Y se cerró la puerta. Mi padre podía haber pasado por europeo pero nosotros no. Mi hermano y yo teníamos el pelo negro y la piel aceitunada de nuestra madre, así que vivíamos en El *Building* y visitábamos a nuestro tío abuelo y a sus hijos de piel clara en la próxima cuadra. Tenían una broma entre ellos de que eran del lado alemán de la familia. No muchos años después esa área también sería mayormente puerto-rriqueña. Era como si el corazón del mapa de la ciudad se estuviera pintando gradualmente de castaño, café con leche. Nuestro color.

La película empieza con una panorámica de la sala. Es la decoración "típica" de inmigrantes puertorriqueños de la época: el sofá y las sillas son cuadrados y se ven duros, tapizados de colores brillantes (azul y amarillo, en este caso, y forrados con plástico transparente) que para entonces los vendedores de muebles eran expertos en hacer que las mujeres compraran. El linóleo del piso es azul claro y había sido sometido a los tacones de aguja en la mayor parte de los lugares, había hendiduras del tamaño de una moneda de diez centavos por todas partes que no se pueden ver en esta película. El cuarto está lleno de gente vestida mayormente de dos colores: trajes oscuros para los hombres, vestidos rojos para las mujeres. Le he preguntado a mi madre por qué la mayoría de las mujeres están de rojo esa noche y ella se encoge de hombros: "No recuerdo. Sólo una coincidencia". No tiene la obsesión que tengo de asignarle simbolismo a todo.

Las tres mujeres de rojo sentadas en el sofá son mi madre, mi prima de dieciocho años y la novia de su hermano. La novia acaba de llegar de la Isla, lo cual es evidente en el lenguaje de su cuerpo. Se sienta derecha formalmente y el vestido le cubre cuidadosamente las rodillas. Es una muchacha bonita pero su postura la hace verse insegura, perdida en su vestido rojo de falda ancha que se ha recogido cuidadosamente para hacerle espacio a mi espléndida prima, su futura cuñada. Mi prima ha crecido en Paterson y está en el último año de escuela secundaria. No tiene ni rastro de lo que los puertorriqueños llaman "la mancha" (la señal del nuevo inmigrante —algo en la postura, la voz o el comportamiento humilde que hace evidente para todo el mundo que la persona acaba de llegar, que no ha adquirido todavía la apariencia refinada del habitante de ciudad). Mi prima lleva un apretado vestido de coctel de lentejuelas rojas. Se ha aclarado el pelo castaño de la pollina con peróxido y sostiene un cigarrillo con mucha maestría entre los dedos, llevándoselo a la boca con un arco sensual del brazo mientras habla animadamente con mi madre, quien ha venido a sentarse entre las dos mujeres, ambas apenas unos cuantos años menores que ella. Mi madre está más o menos en el medio entre los dos polos que ellas representan en nuestra cultura.

A mi padre se le metió en la cabeza salir del barrio y por eso nunca se nos permitió establecer vínculos con el lugar ni con la gente que vivía allí. Sin embargo, el edificio era un consuelo para mi madre, quien nunca se había sobrepuesto a la añoranza de la Isla. Se sentía rodeada de su lengua: las paredes eran delgadas y las voces que hablaban y discutían en español se podían oír durante todo el día. La salsa estallaba a todo volumen de los radios que se ponían temprano por la mañana y se quedaban prendidos para tener compañía. Parecía que las mujeres cocinaban arroz y habichuelas perpetuamente: el fuerte aroma de las habichuelas coloradas permeaba los pasillos.

Aunque *Father* prefería que compráramos los comestibles en el supermercado cuando él tenía su permiso los fines de semana, mi madre insistía en que ella sólo podía cocinar con productos cuyas etiquetas podía leer; así que durante la semana yo la acompañaba junto a mi hermanito a La Bodega, un cuchitril frente a El *Building*. Allí nos abríamos paso con dificultad por tres pasillos estrechos repletos de diversos productos. Los Goya y los Libby eran la marca en que su Mamá confiaba, y así mi madre compraba latas de habichuelas Goya, sopas y condimentos. Compraba latitas de jugos de frutas Libby para nosotros. Y compraba pasta de dientes Colgate y jabón Palmolive. (La e final se pronuncia en español y por muchos años creí que se fabricaban en la Isla. Recuerdo mi sorpresa al oír el primer anuncio comercial en la televisión para la pasta de dientes en el cual Colgate rimaba con —*eit.*)

Nos regodeábamos en La Bodega porque era allí que *Mother* respiraba mejor, absorbiendo los aromas conocidos de la comida que conocía de la cocina de Mamá, y también era allí que podía hablar con las otras mujeres de El *Building* sin violar completamente las órdenes de *Father* sobre no confraternizar con nuestros vecinos.

Pero él hizo lo mejor que pudo para hacer que nuestra "asimilación" no fuera dolorosa. Todavía puedo verlo subir varios pisos cargando con un árbol de Navidad, dejando un rastro de aromático pino. Lo llevaba con formalidad, como si fuera una bandera en un desfile. Éramos los únicos en El *Building*, que supiera yo, que recibíamos regalos tanto el día de Navidad como el Día de Reyes, el día en que los Tres Reyes les llevaban regalos a Cristo y a los niños hispanos.

Nuestro gran lujo en El *Building* era tener nuestro propio televisor. Debe haber sido resultado del sentimiento de culpabilidad que tenía *Father* por el aislamiento que nos había impuesto, pero fuimos una de las primeras familias del barrio que tuvieron uno. Mi hermano rápidamente se hizo ávido televidente de *Captain Kangaroo* y *Jungle Jim*. A mí me encantaban todas las series para la familia y para cuando empecé el primer grado, podía haber dibujado un mapa de la familia americana promedio, según lo ejemplificaba la vida de los personajes de *Father Knows Best, The Donna Reed Show, Leave It to Beaver, My Three Sons*, y, mi favorito, *Bachelor Father*, en el cual John Forsythe trataba a su hija adolescente adoptiva como a una princesa porque era rico y tenía un criado chino que se lo hacía todo. Comparados con nuestros vecinos en El *Building*, éramos ricos. El cheque de la Marina de mi padre nos proveía seguridad económica y un nivel de vida que los trabajadores de las fábricas envidiaban. Lo único que su dinero no podía comprarnos era un lugar donde vivir lejos del barrio —su mayor deseo y el mayor temor de *Mother*.

En la película los hombres salen después, sentados alrededor de la mesa de jugar a las barajas colocada en un rincón de la sala, jugando al dominó. El ruido seco de las piezas de marfil es un sonido conocido. Lo oí en muchas casas en la Isla y en muchos apartamentos en Paterson. En —Leave It to Beaver— los Cleaver juegan al bridge en casi todos los episodios; en mi niñez los hombres empezaban cada ocasión social con una acalorada partida de dominó: las mujeres se sentaban alrededor y observaban, pero casi nunca participaban en el juego.

Aquí y allá se puede ver un niñito. Siempre se trae a los niños a las fiestas y, cuando les entra sueño, se acuestan en los cuartos de los anfitriones. Emplear a una niñera era un concepto desconocido para las mujeres puertorriqueñas que yo conocía: una madre responsable no dejaba a sus hijos con una extraña. Y en una cultura donde a los niños no se les considera intrusos, no hay necesidad de dejarlos en casa. Íbamos adonde iba nuestra madre.

De mis años pre-escolares sólo tengo impresiones: la mordedura penetrante del viento en diciembre cuando caminábamos con nuestros padres hacia las tiendas brillantemente iluminadas en el centro de la ciudad, la forma en que me sentía como una muñeca rellena en mi pesado abrigo, botas y guantes; lo bueno que era entrar en un Cinco y Diez y sentarse al mostrador a beber chocolate caliente.

Los sábados toda nuestra familia caminaba al centro para ir de compras a las grandes tiendas por departamentos de la calle Broadway. *Mother* nos compraba toda la ropa en *Penneys* y en *Sears,* y le gustaba comprarse sus vestidos en las tiendas especializadas en ropa de mujer como *Lerner Shops* y *Diana Shops.* En algún momento entrábamos a *Woolworth* y nos sentábamos a la fuente de soda a comer.

Nunca nos encontrábamos con otros latinos en estas tiendas o cuando comíamos afuera, y se me hizo claro años después que las mujeres de El *Building* compraban principalmente en otros lugares, tiendas de dueños puertorriqueños también o de comerciantes judíos que habían aceptado nuestra presencia en la ciudad filosóficamente y decidieron hacernos sus mejores clientes, ya que no vecinos ni amigos. Estos establecimientos no estaban localizados en el centro, sino en las cuadras alrededor de nuestra calle, y se hacía referencia genérica a ellos como La Tienda, El Bazar, La Bodega, La Botánica. Todo el mundo sabía lo que se quería decir. Eran las tiendas donde tu cara no hacía que el dependiente se volviera de piedra, donde tu dinero era tan verde como el de cualquiera otro.

La víspera de Año Nuevo nos vestían como niños modelos del catálogo de Sears: mi hermano con un traje de hombre en miniatura y una corbata de lazo, y yo con zapatos negros de charol y un vestido de volantes con varias capas de cancanes por debajo. Mi madre llevaba un vestido rojo esa noche, recuerdo, y zapatos de taco: su larga cabellera negra le colgaba hasta la cintura; *Father*, quien solía llevar su uniforme de la Marina durante las cortas visitas que hacía a casa, se había puesto un traje oscuro de paisano para la ocasión: nos habían invitado a la casa de su tío para una gran celebración. Todos estaban entusiasmados porque el hermano de mi madre, Hernán —un solterón que se podía permitir tal lujo— había comprado una cámara de cine que habría de probar esa noche.

Ni siquiera la película casera puede completar los detalles sensoriales que una reunión así imprimió en el cerebro de una niña. La dulzura espesa del perfume de las mujeres mezclada con los omnipresentes olores de la comida en la cocina: carne y pasteles de plátano, el arroz con gandules sazonados con el preciado sofrito enviado desde la Isla por la madre de alguno y pasado de contrabando por un viajero reciente. El sofrito era uno de los artículos que las mujeres acaparaban ya que casi siempre se acababa en La Bodega. Era el sabor de Puerto Rico.

Los hombres bebían ron Palo Viejo y algunos de los más jóvenes se ponían llorosos. La primera vez que vi a un hombre llorar fue en una fiesta de Despedida de Año. Los olores de la cocina le habían hecho recordar a su madre. Pero lo que más recuerdo eran los pasteles hervidos, rectángulos de plátano o yuca rellenos de carne deshilachada o de otras carnes, aceitunas y muchos otros ingredientes sabrosos, todos envueltos en hojas de plátano. Todos tenían que pescar uno de la olla con un tenedor. Siempre había un pastel de "maldad"— sin relleno —y el que lo cogiera era el "Tonto de Año Nuevo".

También había música. Los discos de larga duración recibían el tratamiento de preciada porcelana en estas casas. Las grabaciones de música mexicana eran populares, pero las canciones que le hacían saltar las lágrimas a mi madre eran las que cantaba el melancólico Daniel Santos, cuya vida de drogadicto era tema de leyendas. Felipe Rodríguez era el favorito especialmente de las parejas. Cantaba acerca de mujeres despiadadas y hombres con el corazón destrozado. Hay un fragmento de una letra que se me ha clavado en la mente como una aguja en un disco rayado: —De piedra ha de ser mi cama, de piedra la cabecera... la mujer que a mí me quiera... ha de quererme de veras. Ay, ay, corazón, ¿por qué no amas...?— Debo haberla oído mil veces porque la idea de una cama hecha de piedra y su conexión con el amor me preocuparon por primera vez por sus imágenes perturbadoras.

La película de cinco minutos termina con la gente que baila en un círculo. El creativo director les debió haber pedido que hicieran eso para que pudieran desfilar ante él. Es cómico y triste a la vez observar cuando se baila en silencio. Como no hay justificación para los movimientos absurdos que la música provoca en algunos de nosotros, la gente se ve frenética, tienen la cara vergonzosamente intensa. Es como si se estuviera mirando a una pareja que hace el amor. Sin embargo, durante muchos años, he tenido sueños en la forma de esta película casera. En una escena recurrente, caras conocidas se empujan hacia adelante hasta el ojo de mi mente, pegando sus rasgos en distorsionados acercamientos de primer plano. Y les estoy preguntando: —¿Quién es ella? ¿Quién es la mujer que no reconozco? ¿Es una tía? ¿La esposa de alguien? Díganme quién es. Díganme quiénes son estas personas.

—No, mira el lunar en su mejilla tan grande como una colina en el paisaje lunar de su cara, pues bien, eso está en la familia. Las mujeres por el lado de tu padre se arrugan temprano; es el precio que pagan por esa piel clara. La jovencita con la mancha verde en su vestido de novia es la novia —acabada de llegar de la Isla. Mira, baja los ojos según se acerca la cámara, como se supone que haga. La muchachas decentes nunca miran directamente a la cara.

Humilde, una muchacha debe expresar humildad en todas sus acciones. Él se debía considerar dichoso de haberla conocido a las pocas semanas de que ella llegara aquí. Si se casa con ella rápidamente, será una buena esposa al estilo puertorriqueño; pero si espera demasiado, la echará a perder la ciudad, como a tu prima.

—Quiere decir yo. Hago lo que quiero. Aquí no vivo en ninguna isla primitiva. ¿Acaso esperan que me ponga una mantilla negra en la cabeza y que vaya a misa todos los días? Yo no. Soy una mujer americana y haré lo que me dé la gana. Puedo escribir a máquina más rápido que nadie en mi clase de último año en la Central High, y voy a ser secretaria de un abogado cuando me gradúe. Puedo pasar por una muchacha americana en cualquier sitio, lo he intentado, por lo menos por italiana, en todo caso. Nunca hablo español en público. Odio estas fiestas, pero quería el vestido. Me veo mejor que cualquiera de estas humildes aquí. Mi vida va a ser diferente. Tengo un novio americano. Es mayor y tiene carro. Mis padres no lo saben, pero me escapo de la casa a las tantas de la noche para estar con él. Si me caso con él, hasta mi apellido será americano. Odio el arroz y las habichuelas. Es lo que hace que estas mujeres estén gordas.

—Tu prima está encinta de ese hombre con el cual ha estado saliendo a escondidas. ¿Te diría yo una mentira? Soy la esposa de su tío abuelo, la que él abandonó en la Isla para casarse con la madre de tu prima. No me invitaron a la fiesta, pero vine de todos modos. Vine a contarte esa historia de tu prima que tú siempre has querido oír. ¿Recuerdas el comentario que tu madre le hizo a una vecina que siempre te ha obsesionado? Lo único que oíste fue el nombre de tu prima y entonces viste que tu madre tomaba una muñeca del sofá y decía: —Era del grande de esta muñeca cuando lo echaron por el inodoro para abajo—. La imagen te ha inquietado durante años, ¿verdad? Has tenido pesadillas acerca de bebés que echan por el inodoro para abajo y te has preguntado por qué alguien haría algo tan horrible. No te atreviste a preguntarle a tu madre acerca de eso. Únicamente te habría dicho que no habías oído bien y te regañaría por escuchar conversaciones de adultos. Pero más tarde, cuando fuiste lo suficientemente mayor como para saber de abortos, lo sospechaste. Estoy aquí para decirte que tenías razón. A tu prima le estaba creciendo un americanito en la barriga cuando se hizo esta película. Poco después se metió algo largo y puntiagudo en su bonito cuerpo, pensando que tal vez se podría librar del problema antes del desayuno y aún así llegar a tiempo a su primera clase en la escuela secundaria. Bueno, niña, se podían oír los gritos en el centro de la ciudad. Tu tía, su Mamá, quien había sido comadrona en la Isla, se las arregló para sacarle la criaturita. Sí, probablemente la echaron por el inodoro, qué otra cosa podían hacer: ¿darle cristiana sepultura en una cajita blanca con lazos y cintas azules? Nadie quería al bebé, menos que nadie el padre, maestro en su escuela con una casa en West Paterson que estaba llenando con hijos de verdad y una esposa que era rubia natural.

—Muchacha, el escándalo hizo que tu tío volviera a meterle a la botella. ¿Y adivina adónde fue a parar tu prima? Ironía de ironías. La mandaron a un pueblo en Puerto Rico a vivir con un pariente por parte de madre: un lugar tan remoto de la civilización que tenías que montar en mula para llegar hasta allí. Un verdadero cambio de escenario. Allí encontró un hombre. Las mujeres así no pueden vivir sin compañía masculina. Pero créeme, los hombres en Puerto Rico saben cómo entrar a una mujer así en las casetas. La Gringa, le llaman. Ja, ja, ja. La Gringa es lo que ella siempre quiso ser...

La boca de la anciana se convierte en un agujero negro en el cual caigo. Y según caigo, puedo sentir las reverberaciones de su carcajada. Oigo los ecos de sus últimas palabras burlonas: ¡La Gringa, La Gringa! Y los que bailan la conga me pasan por el lado en silencio. No hay música en mi sueño para los bailarines.

Cuando Odiseo visita el Hades y pide ver el espíritu de su madre, hace una ofrenda de sangre, pero como todas las almas desean ardientemente una audiencia con los vivos, tiene que escuchar a muchas de ellas antes de poder hacer preguntas. Yo también tengo que oír a los muertos y a los olvidados que me hablan en el sueño. Aquellos que todavía son parte de mi vida permanecen en silencio, dando vueltas y vueltas en su baile. Los otros se siguen acercando para decir cosas del pasado.

El tío de mi padre es el último en la línea. Se está muriendo de alcoholismo, encogido y arrugado como un mono, la cara es una masa de arrugas y arterias rotas. Según se acerca, me doy cuenta de que en sus facciones puedo ver a toda mi familia. Si toda esa carne elástica se estirara, se podría encontrar la cara de mi padre y bien adentro de esa cara, la mía. No quiero mirar esos ojos ojerosos. En unos cuantos años se retirará en el silencio y tardará mucho, mucho tiempo en morir. *Échate para atrás, Tío,* le digo. *No quiero oír lo que tienes que decir. Haz espacio para los bailarines, pronto será la medianoche. ¿Quién es el Tonto de Año Nuevo esta vez?*

La forma de andar de mi madre

Siempre llevaba un amuleto en una cadena de oro,
un puño de azabache
para protegerse del mal de ojo de la envidia
y de la lujuria de los hombres.
Era la reina gitana de *Market Street,*
que iba y venía en su cuerpo de pirulí frente a
la ventana ciega del sastre judío
que no levantaba la vista,
con los tacones de aguja
que enviaban en código morse
la señal de socorro-pero-no-se-acerque a
los pasillos oscurecidos donde los ojos
colgaban como móviles en la brisa.
Los callejones
la hacían cogerme de la mano enseñándome
el braille de su ansiedad.
Los dos pisos hasta nuestro apartamento
eran su santa ascensión a un refugio
contra los desconocidos adonde la maldad
no podía llegar arrastrándose como un ciempiés
y donde sus necesidades y sus miedos
se podían guardar como toallas
que hacen juego en una tablilla.

Mi padre en la Marina

Tieso e inmaculado
en la tela blanca de su uniforme
y con una gorra redonda en la cabeza
como un halo,
era una aparición con permiso
de un mundo de sombras
y sólo de carne y hueso
cuando subía de debajo de la línea
de flotación donde vigilaba las máquinas
y los cuadrantes asegurándose
de que el barco surcaba las aguas
en una línea recta.
Mother, mi hermano y yo montábamos vigilia
las noches y las madrugadas de su llegada,
observando la esquina más allá
de un letrero lumínico de un cuásar
para ver el relámpago blanco,
nuestro padre como un ángel
que anunciaba un nuevo día.
Sus regresos eran los versos
que componíamos a lo largo
de los años que constituían el canto de sirena
que lo hacía seguir volviendo
de las entrañas de ballenas de hierro
a nuestras noches
como la plegaria vespertina.

Algunos de los personajes

Vida

Para un niño, la vida es una obra de teatro dirigida por padres, maestros y otros adultos que dan direcciones constantemente: —Di esto—, —No digas eso—, —Párate aquí—, —Camina así—, —Ponte esta ropa—, etc., etc., etc. Si dejamos pasar o no le hacemos caso a una indicación, se nos castiga. Y por eso memorizamos el guión de nuestra vida según lo interpretan nuestros progenitores, y aprendimos a no improvisar demasiado: al mundo —nuestro público— le gustan los dramas bien hechos, en los que cada cual está en su lugar y donde no hay demasiados estallidos de brillantez ni sorpresas. Pero de vez en cuando entran nuevos personajes al escenario y los escritores tienen que luchar para hacer que encajen y, por un momento, la vida se vuelve interesante.

Vida era una chilena preciosa que un día simplemente apareció en el apartamento encima del nuestro con su familia de refugiados y se metió en nuestro drama diario.

Era alta, delgada y graciosa como una bailarina, de piel clara y pelo negro corto. Parecía una gacela y se dirigió a nuestro apartamento el día que vino a pedirnos algo prestado. Su acento nos encantó. Dijo que acababa de llegar de Chile con su hermana, la hijita recién nacida de ésta, el esposo de su hermana y la abuela. Todos vivían juntos en un apartamento de un cuarto en el piso encima del nuestro.

Debe haber habido una historia interesante de exilio político, pero yo era demasiado pequeña para interesarme por esa minucia. Inmediatamente me fascinó la encantadora Vida que parecía una de las modelos en las revistas de modas que, al acabar de cumplir doce años, me habían empezado a interesar. La muchacha llegó a mi vida durante una de las largas ausencias de mi padre, así que su constante vigilancia no fue un estorbo para la relación que estaba desarrollando con este vibrante ser humano. No era amistad: ella era unos años mayor que yo y estaba demasiado pendiente de sí misma para darme gran cosa a cambio de mi devoción. Era más una relación Sancho Panza-Don Quijote de La Mancha, en la que yo la seguía mientras ella exploraba el poder de su juventud y su belleza.

Vida quería ser estrella de cine en Hollywood. Por eso había venido a los Estados Unidos, decía ella. Yo creía que llegaría a serlo, aunque casi no hablaba inglés. Ese era mi trabajo, decía, enseñarle a hablar inglés perfectamente, sin acento. Había terminado la escuela secundaria en su país y aunque sólo tenía dieciséis años, no iba a la escuela en Paterson. Tenía otros planes. Iba a encontrar un trabajo tan pronto como tuviera los papeles, ahorraría dinero y se iría para Hollywood lo más pronto posible. Me preguntó si Hollywood quedaba lejos. Le enseñé el estado de California en mi libro de geografía. Con el dedo trazó una línea desde New Jersey hasta la costa oeste y sonrió. A Vida nada le parecía imposible.

Cuando la conocí era verano y pasábamos los días en el solarcito cercado detrás del edificio de apartamentos, evitando entrar lo más posible ya que a Vida le deprimía oír a su familia hablar de las necesidades de encontrar trabajo, oler los olores agrios de una bebé, o recibir los sermones constantes de su obesa abuela que se sentaba en el sofá todo el santo día como si fuera un montón de ropa, a mirar programas de televisión que no entendía. El cuñado me daba un poco de miedo por sus ojos intensos y su constante ir y venir de un lado para otro en el cuarto. Le hablaba en susurros a su esposa, la hermana de Vida, cuando yo estaba presente, como si no quisiera que yo escuchara asuntos importantes, haciéndome sentir como una intrusa. No me gustaba mirar a su hermana. Parecía una Vida que se había quedado a la intemperie por demasiado tiempo: con la piel pegada a los huesos. A Vida no le caía bien su familia tampoco. Cuando le pregunté, dijo que su madre estaba muerta y que no quería hablar del pasado. Vida sólo pensaba en el futuro.

Una vez, cuando estábamos a solas en su apartamento, me preguntó si quería verla en traje de baño. Se fue al cuarto de baño y salió metida en un apretado traje de baño rojo de una pieza. Se reclinó en la cama en una pose que obviamente había visto en una revista. —¿Crees que soy hermosa?—, me preguntó. Le contesté que sí, abrumada de repente por una sensación de inutilidad por ser flaca y tener brazos y piernas huesudos y el pecho plano. —Esquelética—, me había susurrado Vida en una ocasión, sonriéndome malvadamente después de tomar mi cara entre sus manos y sentir que mi cráneo estaba tan cerca de la superficie. Pero inmediatamente después me había dado un beso en la mejilla y me había asegurado que me "llenaría" pronto.

Ese verano mi vida giró en su eje. Hasta la llegada de Vida, mi madre había sido la fuerza magnética alrededor de la cual circulaban todas mis acciones. Como mi padre se iba por largos períodos de tiempo, mi joven madre y yo habíamos desarrollado una fuerte relación simbiótica, en la cual yo desempeñaba el papel de su intérprete y amortiguador del mundo. A temprana edad supe que sería la persona que se enfrentaría con caseros, médicos, dependientes de tiendas y otros "extraños" cuyos servicios necesitáramos durante la ausencia de mi padre. El inglés era mi arma y mi poder. Mientras ella viviera su sueño de que su exilio de Puerto Rico era temporero y de que no tenía que aprender la lengua, manteniéndose "pura" para su regreso a la Isla, entonces yo tenía el control de nuestra vida fuera del reino de nuestro apartamentito en Paterson —o sea, hasta que *Father* regresara de sus viajes con la Marina: entonces el manto de responsabilidad recaería sobre él. A veces, resentí sus regresos, cuando de repente se me volvía a lanzar al papel de dependiente que había superado hacía tiempo— y no por propia elección.

Pero Vida me transformó. Me volví reservada y cada salida de nuestro edificio de apartamentos —para comprarle una cajetilla de L & M a mi madre; para comprar lo indispensable en la farmacia o en el supermercado (algo que a mi madre le gustaba hacer según se necesitara); y, lo favorito de Vida, para comprar comestibles puertorriqueños en la bodega— todo se convirtió en una aventura con Vida. Vivir en un lugar tan estrecho con su hermana paranoica y su cuñado la estaba inquietando. El llanto de la bebé y el penetrante olor a pañales sucios la volvían loca, tanto como el letargo de su gruesa abuela interrumpido únicamente por la necesidad que la anciana tenía de sermonear a Vida sobre su forma de vestir y sus modales, sobre lo cual hasta mi madre había empezado a hacer comentarios.

Vida imitaba a las chicas *Go-Go* a quienes le encantaba mirar en programas de baile en nuestro televisor. Imitaba sus movimientos ante mí, su público, hasta que las dos caíamos en el sofá muertas de la risa. Su maquillaje de ojos (que compraba con el dinerito que me daban mis padres) era oscuro y cargado, los labios le brillaban por el lápiz de labio marrón iridiscente y las faldas se le encaramaban más y más en las largas piernas. Cuando caminábamos por la calle en uno de mis mandados, los hombres se le quedaban mirando; los puertorriqueños hacían algo más. En más de una ocasión nos siguieron unos hombres inspirados para componerle piropos a Vida —esas palabras cargadas de erotismo que susurraban a nuestras espaldas.

La estela de admiradores que Vida tenía me daba miedo y me entusiasmaba. Era un juego peligroso para ambas, pero para mí especialmente, puesto que mi padre podía regresar sin avisar en cualquier momento y sorprenderme en el juego. Yo era la compañera invisible en la existencia de Vida; era el espejito de bolsillo que ella podía sacar en cualquier momento para confirmar su belleza y su poder. Pero era demasiado joven para pensar así; lo único que me interesaba era la emoción de estar en su compañía, de ser tocada por sus poderes mágicos de transformación, que podía hacer que ir andando a la tienda se convirtiera en una aventura deliciosamente escandalosa.

Entonces Vida se enamoró. Ante mis ojos celosos, él era un cavernícola, un hombre grande y peludo que guiaba un Oldsmobile grande y negro irresponsablemente alrededor de nuestra cuadra hora tras hora sólo para poder divisar a Vida. Le había prometido llevarla a California, me dijo ella en tono de confidencia. Entonces empezó a usarme de pretexto para reunirse con él, pidiéndome que diera una vuelta con ella para después dejarme esperándola en un banco del parque o en la biblioteca por lo que parecía una eternidad, mientras ella paseaba en el carro con su musculoso enamorado. Vida me desencantó, pero le seguí siendo leal a lo largo del verano. De vez en cuando, todavía lo pasábamos bien. A ella le encantaba contarme sobre su "amorío" con lujo de detalles. Al parecer, ella no era completamente ingenua y se las había arreglado para hacer que sus apasionados encuentros se limitaran a besarse y acariciarse en el amplio asiento trasero del Oldsmobile negro. Pero él se estaba poniendo impaciente, me dijo ella, así que ella había decidido anunciarle su compromiso a la familia pronto. Se casarían y se irían a California juntos. El sería su apoderado y la protegería de los "lobos" de Hollywood.

Para entonces, las ilusiones que Vida tenía sobre Hollywood me estaban aburriendo. Me alegré cuando la escuela empezó en el otoño y me metí en mi almidonado uniforme azul sólo para descubrir que me quedaba demasiado apretado y demasiado corto. Me había "desarrollado" durante el verano.

La vida volvía a su rutina normal cuando estábamos en los Estados Unidos. Es decir: mi hermano y yo íbamos a la escuela católica y estudiábamos, nuestra madre esperaba que nuestro padre regresara con permiso de sus viajes con la Marina, y todos esperábamos que se nos dijera cuándo regresaríamos a Puerto Rico —lo cual era casi siempre cada vez que *Father* iba a Europa, cada seis meses más o menos. A veces Vida bajaba a nuestro apartamento y se quejaba amargamente de la vida con su familia en el apartamento de arriba. Su familia se había negado rotundamente a aceptar a su novio. Ellos hacían planes para irse a otra parte. Todavía ella no tenía los papeles para trabajar, pero no quería irse sin ellos. Tendría que encontrar un lugar donde quedarse hasta que se casara. Empezó a hacerle la corte a mi madre. Yo regresaba a casa y las encontraba mirando una revista de novias y riéndose. Vida apenas me dirigía la palabra.

Father regresó en el invierno y todo cambió para nosotros. Casi sentí la liberación física de la carga de responsabilidad por nuestra familia y me permití pasar más tiempo haciendo lo que más me gustaba: leer. La vida que llevábamos en Paterson era una vida solitaria y tanto mi hermano como yo nos hicimos ávidos lectores. Mi madre también aunque, debido a que sabía muy poco inglés, sus provisiones eran las novelas de Corín Tellado, que se conseguían en la farmacia, y las revistas *Buenhogar* y *Vanidades,* que recibía por correo de vez en cuando. Pero ella leía menos y yo más cuando *Father* regresaba a casa. Ese año Vida interrumpió el flujo y reflujo de esta rutina. Con la ayuda de mi madre se metió en nuestra familia.

Father, un hombre normalmente reservado, por naturaleza desconfiado de los desconocidos, y siempre atento a los peligros que podían acechar a sus hijos, también cayó bajo el hechizo de Vida. Sorprendentemente, estuvo de acuerdo con que ella viniera a quedarse en nuestro apartamento hasta su boda, que sería en unos meses. Se mudó a mi cuarto. Dormía en la que había sido la cama de mi hermanito hasta que él tuvo su propio cuarto, un lugar donde me gustaba poner mi colección de muñecas de todas partes del mundo que mi padre me había mandado. Ahora tuvieron que ir a parar a una caja en el oscuro ropero.

El perfume de Vida se apoderó de mi cuarto. En cuanto yo entraba en el cuarto, la olía. Se metió en mi ropa. Las monjas en la escuela lo comentaron debido a que no se nos permitía usar perfume ni cosméticos. Traté de quitarlo lavando la ropa, pero era fuerte y penetrante. Vida trató de ganarme llevándome de compras. Recibía dinero de su novio "para su ajuar" me dijo. Me compró una falda negra apretada igualita a la suya y un par de zapatos de taco alto. Cuando me hizo modelarlos frente a mi familia, mi padre frunció el ceño y se fue del cuarto en silencio. No me dieron permiso para quedarme con las cosas. Como en nuestra casa nunca veíamos al novio, no sabíamos que Vida había roto el compromiso y que estaba saliendo con otros hombres.

Mi madre empezó a quejarse de cositas que Vida hacía o que no hacía. No ayudaba con las tareas domésticas, aunque contribuía con dinero. ¿De dónde lo sacaba? No se bañaba todos los días (una infracción grave a los ojos de mi madre) pero se echaba colonia abundantemente. Demasiadas noches a la semana decía que estaba en la iglesia y regresaba oliendo a alcohol, aunque era difícil saberlo porque usaba el perfume. *Mother* estaba desplegando sus alas y se estaba preparando para luchar por la exclusividad de su nido.

Pero, *Father*, para sorpresa de todos nosotros otra vez, abogó por justicia para la señorita —mi madre carraspeó cuando oyó la palabra, que connota virginidad y pureza. Dijo que le habíamos prometido asilo hasta que ella se estableciera y que era importante que se fuera de nuestra casa en una forma respetable: casada, si era posible. A él le gustaba jugar a las barajas con ella. Era astuta e inteligente, una adversaria respetable.

Mother estaba que echaba humo. Mi hermano y yo pasábamos mucho tiempo en la cocina o en la sala, leyendo donde el aire no estaba saturado de *Evening in Paris*.

Vida estaba cambiando. Después de unos cuantos meses, ya no hablaba de Hollywood; apenas me dirigía la palabra. Consiguió los papeles y un trabajo en una factoría cosiendo mamelucos. Entonces, casi tan de repente como había llegado a mi vida, desapareció.

Una tarde regresé a casa y encontré a mi madre fregando el piso intensamente con un limpiador de pino, dándole al apartamento la clase de limpieza a fondo que se solía hacer en la primavera entre toda la familia. Cuando entré en mi cuarto las muñecas habían vuelto a su antiguo lugar sobre la cama adicional. No había señales de Vida.

No recuerdo haber hablado mucho sobre su partida. Aunque mis padres eran justos, no siempre sentían la obligación de explicar o justificar sus decisiones ante nosotros. Siempre he creído que mi madre simplemente exigió su territorio, por temor ante la creciente amenaza de la belleza de Vida y la erótica dejadez que estaba permeando su limpio hogar. O tal vez a Vida le pareció que la vida con nosotros era tan sofocante como la que tenía con su familia. Si yo hubiera sido un poco mayor, habría aprendido más de Vida, pero ella vino en una época en que yo necesitaba más seguridad que conocimiento de la naturaleza humana. Era una criatura fascinante.

La última vez que vi la cara de Vida fue en un cartel. Anunciaba su coronación como reina de belleza para una iglesia católica de otra parroquia. Las iglesias auspiciaban concursos de belleza para recaudar fondos en esa época, aunque ahora me parezca contradictorio: una iglesia que auspicia una competición para escoger a la mujer más atractiva físicamente de la congregación. Todavía creo que fue aproppriado ver a Vida llevando una diademita de diamantes de embuste en aquella fotografía con la inscripción debajo: "¡Ganó Vida!"

San Antonio al revés

Eres el santo patrón
de las mujeres que esperan
prendiendo velas a tus pies,
San Antonio,
todos los sábados por la mañana y por la noche,
a que intercedas
por ellas en el cielo azul de Dios
y salves a sus hijos y esposos
de los cuerpos untados de ron de las putas,
y los libres
de las navajas de los amigos borrachos.
Las vírgenes
te paran sobre tu santa cabeza
San Antonio al revés,
para pedirte suerte, prometiéndote himnos
de dote, y sus oraciones
son como una frisa adicional
a los pies de sus camas en invierno,
San Antonio, San Antonio al revés.

Providencia

Inevitablemente, todos perdemos la inocencia en lo que se refiere al hecho básico de que la vida comienza con el acto biológico más básico, que el misterio del nacimiento no requiere conocimiento esotérico ni poderes mágicos. Pero hay un tiempito, mientras nos preparamos para recibir esta "terrible carga", cuando todavía nos puede maravillar el milagro de los bebés. Cuando era pequeña, protegida por mis padres y mantenida alejada del conocimiento prohibido por las monjas de mi escuela, y la bibliotecaria bienintencionada que me limitaba el acceso a los libros, estaba dispuesta a creer por un rato que los bebés venían del séptimo piso de nuestro edificio de apartamentos en Paterson, New Jersey. Ahí era que la fértil Providencia vivía con su tribu de querubines color café siempre en aumento.

Mi recuerdo de Providencia es estrictamente visual. Nunca le hablé. Mi madre no me lo hubiera permitido. Providencia era el chiste que las mujeres contaban en susurros en las cocinas, era la pesadilla de las trabajadoras sociales y una amenaza andante a los ideales de matrimonio y fidelidad. Sus hijos eran una acumulación en lugar de una familia. Nadie estaba seguro de quién era el padre de cada uno de ellos. Aunque se especulaba, también se evitaba la inspección de cerca, porque habría sido peligroso hacer demasiadas preguntas —nuestro vecindario no era tan grande como para que la promiscuidad de Providencia pudiera no llegar a ser asunto de preocupación personal para las esposas y las madres.

Parecía que siempre estaba encinta. La veo como una mujer de piel color castaño y de agradable presencia, con una figura redonda que era clásica, como una modelo hispana para Rubens. Era carnosa, de movimientos lentos, a fin de cuentas tanto maternal como sensual: la *Magna Mater*.

Parecía satisfecha, aunque su vida debía haber sido muy difícil. Los niños (nunca supe exactamente cuántos) no parecían descuidados y tenían la apariencia de una compañía de actores traposos. Se ponían la ropa que heredaban unos de otros, pero eran ruidosos y juguetones. Los veía en el parque público adonde Providencia los llevaba de vez en cuando —un lugar por el cual yo sólo podía pasar de largo porque a mi hermano y a mí se nos había prohibido ir allí solos. Mi madre lo llamaba "el parque de los vagos", debido a que se habían quedado con él los deambulantes que por la noche construían sus refugios de cartón sobre el equipo de juego y durante el día dormían en los bancos. La policía los sacaba de allí regularmente, pero con la persistencia de los desposeídos, siempre regresaban. Providencia se sentaba entre ellos con su plácida sonrisa de madona a vigilar a sus niños mientras jugaban. Parecía que la degradación humana que la rodeaba no le afectaba. Tal vez verdaderamente poseía serenidad espiritual; su cara solía lucir una sonrisa beatífica que yo estaba acostumbrada a ver en el rostro de María y de otras santas en las pinturas religiosas: Santa Inés sonreía así en el bloque de su decapitación; Santa Teresa en su éxtasis de oración; y desde luego, la Madona sosteniendo al Niño. Lo más probable, sin embargo, era que Providencia estuviera desconectada de la realidad. En un marco que no fuera un barrio puertorriqueño, donde su comportamiento pudiera haber sido calificado tanto por su propia gente como por las autoridades con epítetos moralistas y sociológicos, se le habría diagnosticado problemas de personalidad y se le habría dado tratamiento médico.

Tal y como estaban las cosas, la mujer era una carga a la sociedad, pero no era un problema grave en un vecindario de inmigrantes donde las sutilezas de las enfermedades mentales se sumergen en la preocupación más abarcadora de "la lucha" diaria.

Y así Providencia recibía la visita de hombres en su apartamento pagado por el estado y tenía bebés, que el estado alimentaría y vestiría. Yo escuchaba a las mujeres hablar de esta "desgraciada" la mujer que causa vergüenza— y oía el resentimiento y el miedo en sus voces, y así aprendía que el cuerpo de una mujer, con su capacidad en potencia de producir nuevas vidas, es una carta de triunfo en el equilibrio de las relaciones humanas. Y Providencia era como un "tonto sabio" en un juego de azar que estas mujeres trataban de controlar muy cuidadosamente. Las apuestas negligentes de Providencia las ponían muy nerviosas, porque para ella perder significaba ganar. A ella simplemente no le importaban las reglas.

Por qué Providencia tiene bebés

Ningún marido, sino muchos hombres
subían los escalones
hasta el cuarto de Providencia;
un apartamento en un edificio viejo, lleno de niños
colgados de su falda, uno en el pecho,
y otro siempre en camino. Era la madona
de asistencia pública de nuestra cuadra,
y el chiste de las mujeres
que no entendí por muchos años.

Oí decir que de niña
la madre la había dejado sola en cuartos oscuros
y sin calefacción
mientras buscaba clientes por las calles.
Me imagino su soledad,
tangible como el aliento
en una noche fría, y la forma
en que les hablaba a las sombras
que se movían a causa de los faroles.
Quizás la primera vez

fue resultado de la violencia,
y según escuchaba
el nuevo latido de su cuerpo
se sintió menos sola; tal vez soñó
que un ángel la visitaba:
el aleteo que oía
no era simplemente de palomas
tiznadas por la ciudad
en el antepecho de la ventana,
y la voz en el pasillo que decía,
Ave María, era más
que una queja de una anciana cansada
en lo alto de una escalera que mortificadora
—era una absolución.

        Cuando Providencia

sintió el movimiento de la vida
por primera vez bien adentro
—debajo de la caja torácica, debajo del corazón,
donde se anida
el alma de una mujer— se decidió su vida.
Aprendió una lección que nunca olvidaría:
que mientras ella estuviera viva,
nunca tendría que estar sola otra vez.

Salvatore

Sal era el supervisor en uno de los edificios de apartamentos donde vivíamos. Era italiano y homosexual. La palabra *gay* no se usaba entonces, y el concepto de homosexualidad era tan misterioso y tan espantoso para la mayor parte de las personas que yo conocía de pequeña que las únicas referencias que oía eran burlonas o cómicas, es decir, cuando se hacía alguna referencia. Al hablar de Sal, por ejemplo, alguien solía hacer el gesto de una mano monga. Yo me reía junto con los otros, sin saber nada más que el hecho de que Sal era muy diferente de mi padre y de los otros hombres y muchachos que conocía. En primer lugar, a Sal le gustaba cocinar.

Durante la crisis de misiles cubana vivíamos en el edificio de Sal. En algún lugar en un barco en el Caribe, a mi padre no se le permitió comunicarse con nosotros por varios meses. Fue una época difícil para mi madre, quien estaba acostumbrada a recibir noticias de él por correo. Durante sus largas ausencias, nos mandaba de vuelta a Puerto Rico a quedarnos con la madre de mi madre. De esta manera, nuestra vida seguía cierto patrón errático decidido por los viajes de él. Pero esta vez hubo silencio. Estábamos solos. Y si Sal no se hubiera volcado sobre nosotros, habría sido un período aún más traumático para mi joven madre, para mi hermano y para mí.

No era que él nos resolviera los problemas. Sal tenía una estricta política de "no intervención" ante los problemas personales de los inquilinos. Si el alquiler llegaba atrasado, cualquiera podía encontrar una nota pegada a la puerta. Dos avisos y se estaba de patitas en la calle. La bondad de Sal tenía más que ver con su intensa necesidad de alimentar. En nosotros encontró la aceptación de su ayuda —la ausencia de sospechas—, la inspiración que necesitaba para crear fabulosas hazañas culinarias que nos traía a la puerta en cacerolas hirvientes: lasaña hecha completamente por él con los quesos más finos, espaguetis coronados con creativas salsas, pastelitos italianos y mucho más. Llenó nuestro apartamento de los aromas reconfortantes de comidas preparadas con cariño, mientras esperábamos que nuestro futuro se aclarara otra vez.

Su vida privada era un misterio para nosotros. Nunca nos invitó a su apartamento en el primer piso. Pero se podía tener una ojeada de su gusto esmerado por las cortinas drapeadas artísticamente y las plantas que colgaban de su ventana. En un cuadrito de tierra de verdad en lo que idealistamente se llamaba un "patio" en el corazón de las ciudad —un área cercada donde estaban los zafacones de basura— Sal había creado increíblemente un huerto de verduras. Cada primavera removía la tierra, le añadía tierra negra fértil y empezaba el incesante cuidado otra vez. A veces me sentaba en el escalón más bajo a mirarlo: un hombre delgado, con rasgos de campesino, pelo gris cortado bien pegado a la cabeza. Se ponía mahones y una camisa de sport con el cuello para arriba, un delantal grande con muchos bolsillos para sus herramientas, guantes de goma y, mi favorito, un sombrero grande de paja. La escena de jardinería era un contraste tal con el tráfico, el cemento y el gentío al otro lado del edificio que me fascinaba. Mi hermano y yo a menudo hablábamos de lo bien que cabría una piscina allí mismo donde Sal sembraba y si no una piscina, entonces un columpio. Pero ésos eran nuestros sueños de vivir en urbanización. Los únicos niños que conocíamos que vivían en casas separadas con equipo de patio estaban en la televisión o en Puerto Rico. Nosotros nos teníamos que conformar con actividades dentro de la casa.

Sal cultivaba tomatitos, redondos y perfectos como bolas para el árbol de Navidad. Y cultivaba calabacines de corteza verde y lustrosa, y lechuga que surgía de la tierra como una rosa de Marte. Ponía las verduras amorosamente en una canasta de paja y le traía algunas a mi madre, quien las arrullaba como si fueran un bebé, pero luego las echaba a la basura, porque eran ingredientes "italianos" que no se podían convertir en comida puertorriqueña en su cocina.

Sal se mantenía ocupado todo el día pero se comportaba como un hombre solitario. No podía haber tenido amistad con los hombres de nuestro edificio para quienes era objeto de burla. Hasta mi padre evitaba contacto con Sal, dejando que mi madre fuera a la puerta cuando oía que se acercaban los conocidos pasos enguatados de Sal. Las mujeres también le concedían tratamiento "especial". Decían y hacían cosas ante él que nunca harían frente a "verdaderos" hombres, como discutir asuntos íntimos y tratar de meterlo en el chisme y las insinuaciones sexuales.

Al recordar, lo más cerca que estuve de entender el patetismo de la vida de Sal fue la época en que mi impetuoso y romántico tío Hernán vino a visitarnos a Paterson. El hermano menor de mi madre, la "oveja negra" de su familia, llegó a nuestra puerta sin avisarnos después de una de sus muchas desventuras; sin un centavo, sin trabajo y encantador, vino buscando "asilo" a la casa de su hermana. Mi hermano y yo caímos totalmente bajo el hechizo de este hombre enigmático, enérgico, impredecible; el opuesto completo de nuestro dulce padre. Hernán llenó la casa de la electricidad de su personalidad. Le suplicamos a nuestra madre que le permitiera quedarse, a pesar de que nuestro apartamento era demasiado pequeño incluso para nosotros tres. Pero, yo argumenté, ante la ausencia de *Father*, ella podría dormir conmigo y Hernán podía tener la cama de ellos. Ella también estaba encantada al principio por el nuevo espíritu mundano de su hermano y su presencia sería un bálsamo para su constante nostalgia, pero su vacilación no tenía nada que ver con la falta de espacio; después de haber compartido una casa con ocho hermanos y hermanas en Puerto Rico, mi madre se había vuelto indiferente ante las acostumbradas preocupaciones de espacio y de vida íntima que nosotros sentíamos. Su reserva tenía que ver con la estricta regla de Sal respecto a huéspedes.

Cuando nos mudamos del lugar que los puertorriqueños de Paterson llamaban El *Building*, *Father* nos había advertido que en un vecindario mixto habría que seguir reglas. Se trataba de "un paso de adelanto" en relación con el barrio y se esperaba que nos comportáramos con moderación, nos había explicado, para vencer el estereotipo de inquilino de caserío ruidoso y vago. El había estado de acuerdo con las reglas de Sal para sus inquilinos: una de ellas era no tener huéspedes a largo plazo. *Mother* nos dijo que éste era uno de los acuerdos mientras nos sentábamos a la mesa de la cocina a pensar cómo podíamos mantener a nuestro tío con nosotros. Entonces fue que Sal apareció a la puerta con un humeante plato de verduras. Y Hernán entró en acción.

Tan pronto como Sal vio a Hernán, esbelto y con el pelo ensortijado, se transformó. Se puso muy hablador, le pidió a *Mother* que se lo presentara y hasta se sentó con nosotros a la mesa, algo que nunca antes había hecho. Pronto, nos quedamos completamente fuera de la conversación. Noté que Hernán se reía mucho, mostrando sus fuertes dientes blancos en aquella cara india, y recuerdo que sentí celos de su atención. Pero, como era una niña, debo haberme puesto a hacer otra cosa. Lo único que sé es que cuando Sal se fue, Hernán se mudó con nosotros, para nuestro deleite. Y casi todos los días durante las pocas semanas de su visita, Sal se aparecía impredeciblemente a la puerta con una excusa u otra. Le brillaban los ojos y tenía las mejillas rosadas, como si se hubiera acabado de afeitar y estregar. Por un rato Hernán jugó el juego. Después Hernán y *Mother* se sentaban a la mesa a fumar sus L & M y a beber café. Hacían chistes de las visitas de Sal y se reían de las cosas que él le había dicho a Hernán. Su comentario favorito era que Sal había dicho que Hernán era un "moreno" tan guapo.

La visita de Hernán significó para mi madre y para mí un alivio temporero de la preocupación constante por *Father*. Él iba con nosotros a la Cruz Roja, a la Administración de Veteranos, a las infinitas oficinas donde tratábamos de encontrar respuestas sobre el paradero de *Father*. Hernán encantaba a las secretarias y nos conseguía citas; y principalmente nos ayudaba a pasar el tiempo mientras esperábamos y esperábamos a saber algo más que la declaración oficial de que la localización del barco era secreta hasta que la "situación" cubana se resolviera.

Pero tan pronto como Hernán encontró trabajo, en alguna fábrica en otra ciudad cercana, e hizo nuevos amigos, cambió. Su lado "impetuoso", del cual mi madre hablaba a menudo, empezó a hacerse evidente. Regresaba tarde, nos despertaba cuando irrumpía por la puerta borracho. Gastaba todo su dinero apostando muchísimo en partidas de dominó y de barajas, que las mujeres del vecindario, cuyos esposos tenían los mismos vicios, debidamente reportaban a *Mother*. Y empezó a fumar lo que *Mother* nos dijo que eran unos "cigarrillos raros", que ella encontró en los bolsillos mientras le lavaba la ropa. Le pareció que debía encontrar un apartamento, pero se le hacía difícil decírselo. Y allí estaba Sal con sus ojos melancólicos a la puerta todos los días preguntando por Hernán.

El incidente de la puñalada puso punto final a nuestro enamoramiento con nuestro incorregible pariente. No me enteré de todos los datos hasta mucho más tarde, pero al parecer Hernán había estado viendo a una mujer casada cuyo esposo se apareció sin avisar. El resultado fue una herida de cuchillo, más o menos como la marca del Zorro grabada en la espalda de mi tío según huía. Unos amigos lo llevaron al hospital y vinieron a las tantas de la noche a decírselo a mi madre. Ella sufrió intensamente del chismorreo y la humillación, y la próxima vez que vimos a Hernán, un poco más sereno pero impenitente, se había mudado a una casa de huéspedes.

Sal debió oír la historia también y se mantuvo alejado de nuestro apartamento. Trabajaba en su huerto con un frenesí sin igual, pero esa temporada no compartió su abundante cosecha con nosotros. Ese año nuestro padre nos llegó cambiado. Los seis meses aislado en un barco que le daba vueltas a Cuba, sin la capacidad para comunicarse con nosotros, asustado por nuestra vida y por el mundo, lo habían encerrado en sí mismo. Se había envejecido por adentro. Y yo también había cambiado mientras esperaba noticias de mi padre, escuchando al Presidente hablar de la "amenaza para el mundo libre" desde la pantalla granosa de nuestro televisor; rogándoles a los desconocidos que escucharan a esta muchachita puertorriqueña delgadita; llevando a mi madre de oficina en oficina: —¿Dónde está mi padre, su esposo? ¿Dónde está?— Pero cuando regresó era un hombre diferente, y no reconocí al forastero sombrío como mi callado pero tierno Papi. El final de la niñez había llegado como un telegrama con el ribete negro entregado en silencio a la puerta.

Sal, estamos tan solos como tú: encerrados dentro de los cuerpos de extraños, incapaces de relacionarnos con los que más amamos.

En mis ojos no hay días

De regreso antes de que el fuego
se quemara detrás de sus ojos,
en el alto horno que por fin lo consumió,
Father nos contó del reino
de los pequeños terrores de la niñez, empezando
desde el nacimiento cuando su padre lo maldijo
por ser el duodécimo y el más hermoso,
demasiado rubio y bonito para ser de sus entrañas,
así que lo nombró el hijo pobre del cura.
Father decía que el viejo guardaba
una mula para trabajar
vino en su bodega
un caballo para deporte
una amante en el pueblo
y una mujer que le diera hijas,
para mandarlas a la iglesia
a rezar por su alma,
e hijos,
para mandarlos a los cañaverales
a cortar la caña
y recaudar el dinero
para comprarle ron.
Sólo tenía diez años cuando vio
a su padre partir a un hombre en dos con su machete
y marcharse orgulloso
de haber rescatado su honor
como un "hombre" de verdad.
Father siempre envolvía estos cuentos
en el papel de seda de su humor
y nosotros escuchábamos en su rodilla,
embelesados, abrigados y a salvo
en la frisa de su cariño.
Pero él mismo no podía salvarse.
Hasta el día de hoy sus amigos todavía preguntan:
—¿Qué rayos lo volvió loco?
Recordando al príncipe Hamlet contesto:
—Absolutamente nada—,
pero ya nadie escucha cuentos de fantasmas.

La vergüenza del espejo

"De todas formas, la vergüenza
del espejo me ha durado toda
la vida".
Virginia Woolf, *Momentos de vida*

En su memorias, *Momentos de vida*, Virginia Woolf cuenta un sueño espantoso que tuvo cuando era niña en el cual, según se miraba al espejo, vio algo que se movía al fondo: ...una cara horrible—la cara de un animal...— por encima de su hombro. Ella nunca olvidó esa "otra cara en el espejo", tal vez porque le era tan ajena como conocida. No es extraño que una adolescente se sienta desconectada de su cuerpo —una desconocida para sí misma y para las nuevas necesidades que se le desarrollan— pero yo creo que para una persona que vive simultáneamente en dos culturas este fenómeno se intensifica.

Aún cuando lidiaba con el trauma de salir de la niñez, veía que esa "esquizofrenia cultural" estaba deshaciendo a muchos otros a mi alrededor en diferentes etapas de su vida. La sociedad da indicaciones y provee rituales para el adolescente pero se niega a conceder apoyo. Cuando entré en primer año de escuela secundaria en la escuela parroquial, me dieron un nuevo uniforme: una falda y una blusa en contraste con el severo vestido azul con tirantes, para hacerles espacio a los senos que empezaban a desarrollarse, supongo, aunque tenía poco que acomodar durante un período atrozmente largo —por ser un "saco de huesos", como a menudo me llamaban mis compañeros de clase, sin caderas ni pechos. Pero los avisos comenzaron, no obstante. En casa mi madre me recordaba constantemente que ahora era una señorita y que tenía que comportarme como tal; pero nunca me explicó exactamente lo que eso suponía. Había dicho lo mismo cuando yo había empezado a menstruar, hacía un par de años. En la escuela, los salones y la cafetería estaban segregados en "lugar para niños" y "lugar para niñas". Las monjas mantenían los ojos de lince en el largo de la falda de las niñas, que tenía que estar por debajo de la rodilla en una época en que la minifalda se estaba convirtiendo en microfalda en las calles.

Después de la escuela, veía a varias de las muchachas "populares" caminar hasta la esquina fuera de la vista de la escuela y meterse en los carros con los muchachos de la escuela pública. Muchos de los otros iban a la farmacia a tomarse un refresco y a hablar en voz alta y con irreverencia de la escuela y de las monjas. La mayor parte de ellos eran muchachos italianos e irlandeses de clase media. Yo era la única estudiante puertorriqueña, tras ser aceptada después de pasar un riguroso examen académico y después de que el cura visitó nuestro apartamento para comprobar que éramos una buena familia católica. Me sentía perdida en el mar de brillantes caras blancas y pelo rubio cardado de las muchachas que no eran malas conmigo, pero que por lo menos ese primer año crucial, no me incluían en los grupos que viajaban juntos a las pistas de patinaje, los partidos de baloncesto, las pizzerías —esas actividades de las que hablaban el lunes en su inglés a toda velocidad mientras esperábamos a que nos dejaran entrar en el edificio.

No es que se me hubiera permitido ir a esos lugares. Yo vivía en el facsímil de un hogar puertorriqueño construido cuidadosamente por mi madre. Todos los días cruzaba la frontera de dos países: pasaba el día en el edificio de la escuela parroquial con olor a pino donde la conducta exquisitamente correcta era la regla estrictamente impuesta por las afables monjas, quienes al observar una infracción de sus numerosas reglas, se volvían déspotas —sin jamás alzar la voz—destruyendo tu paz espiritual con amenazas de vergonzosa denuncia y/o expulsión. Pero allí había orden, silencio, respeto por la lógica, y también allí recibía la información de la cual estaba hambrienta. Me gustaba leer y disfrutaba inmensamente de los elogios que me hacían las maestras por ser aplicada y tener buenas notas. ¿Y qué?, pensaba, si no me invitaban a la casa de mis compañeros de clase, que no vivían en mi vecindario de todos modos. Yo vivía en el corazón de la ciudad, en un apartamento que podía haber alojado a una familia italiana o irlandesa en la generación anterior. Ahora habían prosperado y se habían mudado a las afueras y los puertorriqueños se habían mudado a los edificios de apartamentos para "inmigrantes". Ese año sentí verdaderamente que la vergüenza me quemaba por el hecho de que no tenía que tomar una guagua ni me recogían en un carro para ir a casa. Vivía a unas cuantas cuadras de la iglesia y de la escuela que había sido construida en el corazón de la ciudad por la ola original de católicos irlandeses —para *su* conveniencia. Los puertorriqueños todavía no habían construido iglesias.

Todos los días iba caminando a casa desde la escuela. Tenía quince minutos para llegar a casa antes de que mi madre se preocupara y fuera a buscarme. Yo no quería que esto sucediera. Ella era muy diferente de las madres de mis compañeros. Mientras la mayor parte de las otras madres eran mujeres corpulentas con solemne pelo gris que rezumaban maternidad, mi madre era una beldad joven y exótica, de pelo negro hasta la cintura y una propensión a llevar colores brillantes y tacones de aguja. Me habría muerto de vergüenza si uno de mis compañeros hubiera visto su caminar sensual y las miradas que provocaba en los hombres de nuestra cuadra. Y también me hubiera abrazado, pues no había aprendido a moderar sus emociones o a controlar las manos gesticulantes y risa alegre. Se conservaba "nativa" en aquel apartamento del cual raras veces salía, excepto del brazo de mi padre o para buscar a uno de nosotros a la escuela. Yo había tenido que tener un enfrentamiento a gritos con ella para convencerla de que no necesitaba que en el noveno grado me escoltara de la casa a la escuela y de la escuela a la casa.

Mi madre llevaba la Isla de Puerto Rico sobre la cabeza como la mantilla que se ponía en la iglesia los domingos. Estaba "cumpliendo una condena" en los Estados Unidos. No sabía cuánto duraría su exilio, ni por qué la habían sentenciado con el exilio, pero sólo lo hacía por sus hijos. Se mantenía "pura puertorriqueña" para su eventual regreso a la Isla negándose una vida social (la cual la habría conectado demasiado al lugar); limitándose a aprender el inglés más básico para sobrevivir; y creando un ambiente en nuestra casa que era un consuelo para ella, pero una sacudida para mis sentidos, y supongo que para los de mi hermano, al tener que entrar y salir de esta zona crepuscular de vistas y olores que para ella significaban casa.

En nuestro apartamento hablábamos español, comíamos arroz con habichuelas con carnes preparadas con adobo, esa mezcla de especias que hacen la boca agua, y escuchábamos las baladas románticas cantadas por Daniel Santos que mi madre ponía en el tocadiscos. Ella leía cartas de su familia en Puerto Rico y de nuestro padre. Aunque le encantaba recibir sus cartas, sus descripciones del Coliseo romano o de la Acrópolis no le interesaban tanto como las noticias de casa: su madre y sus numerosos hermanos y hermanas.

La mayor parte de las frases de mi madre empezaban con En casa...: en casa de su Mamá las cosas se hacían de esta o aquella manera. En cualquier otro lugar del mundo que no fuera su amada Isla mi madre se hubiera sentido nostálgica: la nostalgia perpetua, el constante hablar de regresar, ése era el modo escogido por mi madre para sobrevivir. Cuando se miraba al espejo, ¿qué veía? Otra cara, una anciana que la regañaba y la regañaba: No me entierres en suelo extranjero...

Un marinero se fue al mar, mar, mar,
a ver lo que podía mirar, mirar, mirar,
y todo lo que pudo mirar, mirar, mirar,
fue el fondo azul del profundo mar, mar, mar.

Las muchachas negras cantaban esta canción para brincar la cuica más y más rápido en el patio de concreto de la escuela pública, quizás sin pensar en las palabras, sin tener acceso al mar, sin haber visto jamás el profundo mar azul. Yo pensaba en mi padre cuando la oía.

El profundo mar azul para mi padre era la soledad. Se había enlistado en el servicio militar de los Estados Unidos a los dieciocho, el mismo año en que se había casado, porque para los jóvenes de Puerto Rico que no tenían dinero en 1951, era la única promesa de un futuro lejos de los cañaverales de la Isla o de las fábricas de New York City. Se le había criado para esperar mejores cosas de la vida. Mi padre se había destacado en la escuela y era el presidente de la clase del último año. En mi madre, a quien conoció cuando ella sólo tenía catorce años, debió haber visto el opuesto de sí mismo. Él había renunciado a sus primeros sueños por su amor y más tarde por el futuro de sus hijos.

Sus ausencias de casa parecían más difíciles para él que para nosotros. Lo que le pasó durante esos años, la mayor parte, nunca lo sabré. Cada vez que regresaba era un hombre más callado. Era como si se estuviera hundiendo en silencio y nadie lo pudiera salvar. Su mayor preocupación era nuestra educación, y recuerdo mostrarle mis trabajos escolares, que estudiaba detenidamente como si estuviera leyendo un libro fascinante.

Escuchaba con atención mientras *Mother* le contaba la rutina habitual de nuestros días, absorbiéndolo todo como si fuera alimento. Le hacía preguntas interminables. Nada era demasiado trivial para sus oídos. Era como si estuviera intentando vivir vicariamente cada día que había perdido de estar con nosotros. Y nunca hablaba del pasado; a diferencia de nuestra madre, no ansiaba regresar a la Isla que no le daba ninguna esperanza. Pero tampoco la privó del sueño que ella tenía de su hogar. Y es posible que la necesidad que ella tenía de estar con su familia fuera lo que lo motivó a concebir el complejo sistema de idas y venidas que viví durante la mayor parte de mi niñez. Cada vez que se iba para Europa por seis meses, regresábamos con *Mother* a la casa de la madre de ella; cuando él regresaba a Brooklyn Yard nos mandaba un cable y regresábamos. Frío/calor, inglés/español; ésa era nuestra vida.

Recuerdo a mi padre como un hombre que rara vez se miraba a un espejo. Hasta se peinaba mirando para abajo. ¿Qué tenía miedo de ver? Tal vez el monstruo sobre el hombro era su potencial perdido. Era un hombre sensible, intelectual, cuyas energías tuvieron que ser dedicadas completamente a sobrevivir. Y así es que muchas mentes se pierden en las fatigas de la vida de inmigrante.

Así que la vida fue difícil para mis padres, y esto quiere decir que no fue ni más dolorosa ni menos que para otros como ellos: porque la lucha continúa por todas partes para la gente que quiere ser una pieza que encaje en el rompecabezas americano, llegar a formar parte del cuadro final; pero, desde luego, eso lo veo al mirar hacia atrás. A los catorce y durante varios años después mis preocupaciones estaban mayormente concentradas en las alarmas que sonaban en mi cuerpo advirtiéndome del dolor o el placer que me esperaba.

Me enamoré, o mis hormonas se despertaron de su largo sopor en mi cuerpo, y de repente la meta de mis días se centraba en una cosa: divisar a mi amor secreto. Y tenía que permanecer en secreto, porque, por supuesto, siguiendo la gran tradición de la novela trágica, había escogido para amar a un muchacho que estaba fuera de mi alcance por completo. No era puertorriqueño: era italiano y rico. También era un hombre mayor. Estaba en el último año de escuela secundaria cuando yo entré a primer año. Lo vi por primera vez en el pasillo, recostado despreocupadamente a una pared que era la línea divisoria entre el lado de las muchachas y el de los muchachos para los estudiantes de primero y segundo año. Tenía un extraordinario parecido a un Marlon Brando joven —hasta la sonrisita irónica. Lo único que sabía del muchacho que protagonizaba cada uno de mis sueños era lo siguiente: era el sobrino del dueño del supermercado de mi cuadra; a menudo tenía fiestas, de las que yo oía hablar, en la hermosa casa que sus padres tenían en las afueras de la ciudad; su familia tenía dinero (que llegaba a nuestra escuela de muchas maneras) —y esto hacía que se me aflojaran las rodillas; y trabajaba en la tienda cerca de mi edificio de apartamentos los fines de semana y en el verano.

Mi madre no podía entender por qué anhelaba que me mandara a hacer uno de sus inumerables mandados. No perdía la oportunidad de viernes a sábado por la tarde para ir a comprar huevos, cigarrillos, leche (trataba de beber tanta como me fuera posible, aunque odiaba la dichosa cosa) —los productos básicos que ella me pedía de la tienda "americana".

Semana tras semana vagaba por los pasillos, echándole miradas furtivas al almacén en la parte de atrás, esperando ansiosamente ver a mi príncipe. No se trataba de que tuviera un plan. Me sentía como un peregrino esperando divisar la Meca. No esperaba que él se fijara en mí. Era una dulce agonía.

Un día sí lo vi. Vestido de blanco como un cirujano: pantalones y camisa blanca, gorra blanca y (vista repugnante, pero no para mis ojos nublados por el amor) un delantal de carnicero manchado de sangre. Estaba ayudando a arrastrar un costado de carne de vaca en el área de las neveras del almacén de la tienda. Debo haberme quedado parada allí como una idiota, porque recuerdo que él me vio, ¡hasta me habló! Por poco me muero. Creo que me dijo: —Con permiso—, y sonrió vagamente hacia donde yo estaba.

Después de eso, deseaba ocasiones para ir al supermercado. Observaba que la cajetilla de cigarrillos de mi madre se vaciaba tan despacio. Quería que se los fumara rápidamente. Me bebía la leche y se la empujaba a mi hermano (aunque por cada segundo vaso tenía que pagarle mi parte de galletitas *Fig Newton,* que a ambos nos gustaban, pero sólo podíamos comernos una fila cada uno). Renuncié a mis galletitas por amor y observaba que mi madre se fumaba sus L & M con tan poco entusiasmo que pensé (¡no, Dios mío!) que podía estar reduciendo la cantidad de cigarrillos que fumaba o que tal vez estaba dejando el hábito. ¡En un momento tan crucial!

Creía que había mantenido mi solitario amorío en secreto. A menudo las lágrimas calientes mojaban la almohada por las cosas que nos mantenían separados. En mi mente no había duda de que él nunca se fijaría en mí (y por eso me sentía en libertad para quedármele mirando: yo era invisible). Él no podía verme porque era una puertorriqueña flaca, una muchachita de primer año que no pertenecía a ninguno de los grupos con los que él se asociaba.

Al final del año descubrí que no había sido invisible. Aprendí una pequeña lección acerca de la naturaleza humana: la adulación deja su aroma, uno que todos podemos reconocer, y no importa lo insignificante que sea la fuente, la buscamos.

En junio las monjas de nuestra escuela siempre organizaban algún grandioso espectáculo cultural. En mi primer año fue un banquete romano. Habíamos estado estudiando un drama griego (como preludio a la historia de la iglesia—al galope pasamos de Sófocles y Eurípides hacia los primeros mártires cristianos), y nuestra joven y enérgica *Sister Agnes* tenía ganas de un espectáculo clásico. Les ordenó a todos los estudiantes (un grupo pequeño de menos de 300 estudiantes) que les pidieran a las madres que les hicieran togas con sábanas. Nos dio un patrón en hojas de mimeógrafo salidas directamente de la máquina. Recuerdo el intenso olor a alcohol que tenían las hojas y la forma en que casi todo el mundo en el auditorio se las llevaba a la nariz e inhalaba profundamente —las hojas mimeografiadas eran el narcótico de la época que la nueva generación de muchachos Xerox se está perdiendo. Entonces, según las últimas semanas de clase se iban haciendo interminables, la ciudad se convertía en un horno de concreto y nosotros nos marchitábamos en los incómodos uniformes, trabajábamos como desesperados esclavos romanos para construir un espléndido salón de banquetes en nuestro pequeño auditorio. *Sister Agnes* quería una tarima alta donde el anfitrión y la anfitriona serían entronizados majestuosamente.

Ya ella había escogido a nuestro senador y a su dama de entre nuestras filas. La dama sería una hermosa estudiante nueva, de nombre Sofía, una inmigrante polaca recién llegada, cuyo inglés era prácticamente ininteligible todavía, pero cuyas facciones, perfectamente clásicas sin una gota de maquillaje, nos cautivaron. Todo el mundo hablaba de su pelo dorado que le caía en cascadas por debajo de la cintura y de la voz que podía hacer que una canción llegara hasta el mismísimo cielo. Las monjas hubieran querido que Sofía fuera para Dios. Se pasaban diciendo que tenía vocación. Nosotros nos limitábamos a mirarla con asombro y los muchachos parecían tenerle miedo. Ella sólo sonreía y hacía lo que le decían. No sé lo que ella pensaba de todo esto. El mayor privilegio de la belleza es que los otros harán cualquier cosa por la persona, incluso pensar.

Su compañero lo sería nuestro mejor jugador de baloncesto, un estudiante de último año, alto y pelirrojo, cuya familia mandaba a sus numerosos vástagos a nuestra escuela. Juntos, Sofía y su senador parecían la mejor combinación de genes inmigrantes que nuestra comunidad podía producir. No se me ocurrió preguntar entonces qué otra cosa además de su belleza física los cualificaba para protagonizar nuestra producción. Yo tenía el promedio más alto en la clase de historia de la iglesia, pero me dieron la parte de uno de los muchos "soldados romanos". Me sentaría frente a las frutas plásticas y recitaría un saludo en latín junto al resto de la escuela cuando nuestros anfitriones entraran en el salón y tomaran sus puestos en el trono.

La noche de nuestro banquete, mi padre me escoltó en mi toga hasta la puerta de nuestra escuela. Me sentía como una tonta envuelta torpemente en la sábana (con una blusa y una falda por debajo). Mi madre no era la mejor costurera del mundo que digamos. Podía cogerles el ruedo a una falda o a unos pantalones, pero esa noche yo hubiera deseado que fuera una campesina con una aguja dorada. Veía que las otras damas romanas salían de los carros de sus padres y parecían auténticas con las sábanas de tela que envolvían sus cuerpos como la vestimenta de una estatua de Miguel Ángel. ¿Cómo lo lograron? ¿Por qué era que a mí nunca me salían las cosas del todo bien y, peor, creía que las otras personas sólo eran demasiado educadas para mencionarlo? —La pobre muchachita puertorriqueña—, podía escuchar que estaban pensando. Pero en realidad, yo debía ser mi peor crítico, al ser tan tímida.

Pronto, todos estábamos sentados en nuestro círculo de mesas reunidas alrededor de la tarima. Sofía brillaba como una estatua de oro. Su sonrisa era beatífica: una dama romana perfecta y muda. Su "senador" se veía incómodo, echándoles un vistazo a sus amigotes, tal vez con la sospecha de que con toda seguridad lo pondrían en ridículo más tarde en el vestuario del gimnasio. Las monjas con sus hábitos negros nos vigilaban en el fondo. ¿Qué se suponía que fueran ellas? ¿Las Parcas? ¿Esclavas nubias? Las bailarinas hicieron su bailecito al compás de la música metálica de sus címbalos, entonces se pronunciaron los discursos. Luego las copas con "vino" de jugo de uva se alzaron en un brindis por el Imperio Romano que todos nosotros sabíamos que habría de caer en cuestión de una semana —en todo caso antes de los exámenes finales.

Durante todo el programa yo me había mantenido en un estado de histeria controlada. Mi amor secreto estaba sentado al otro lado del salón y se veía sumamente aburrido. Observaba cada uno de sus movimientos, absorbiéndolo glotonamente. Me deleitaba viendo la sombra de sus pestañas en las mejillas rojizas, los labios en gesto de pucheros sonriendo sarcásticamente ante la ridícula vista de nuestro dramita. En una ocasión se hundió en la silla y nuestra monja ujier vino y le dio una brusca palmada en el hombro. Él se incorporó lentamente, con desprecio. Me encantaba su espíritu rebelde. Todavía me creía invisible en mi estado de "nada" desde el cual contemplaba a mi amado. Pero hacia el final de la velada, mientras estábamos recitando nuestras despedidas en latín, ¡él miró directamente hacia el otro lado del salón y a mis ojos! ¿Cómo sobreviví el poder de aquellas pupilas negras? Temblé de otra manera. No tenía frío: ¡me estaba abrasando! Sin embargo, temblaba de adentro hacia afuera, me sentía mareada, aturdida.

El cuarto se empezó a vaciar y me dirigí hacia el cuarto de baño de las muchachas. Quería disfrutar del milagro en silencio. No se me ocurrió pensar que nada más ocurriría. Estaba satisfecha con el enorme favor de una mirada de mi amado. Me tomé mi tiempo, a sabiendas de que mi padre me estaría esperando afuera, impaciente, quizás resplandeciendo en la oscuridad en su uniforme de la Marina blanco fosforescente. Los otros irían en carro a su casa. Yo iría caminando con mi padre, cada uno con su disfraz. Quería que hubiera los menos testigos posibles. Cuando ya no pude oír el gentío en el pasillo, salí del baño, todavía bajo el hechizo de aquellos ojos hipnotizadores.

Habían apagado las luces en el pasillo y lo único que podía ver era la escalera iluminada, al final de la cual habría una monja apostada. Mi padre estaría esperando justo afuera. Por poco grito cuando sentí que alguien me agarraba por la cintura. Pero la boca de alguien rápidamente cubrió la mía. Me estaban besando. Mi primer beso y ni siquiera podía decir quién era. Me separé para ver la cara a menos de dos pulgadas de la mía. Era él. Me sonrió. ¿Tenía yo una expresión tonta en la cara? Se me torcieron los espejuelos. No podía moverme ni hablar. Con más suavidad, me levantó la barbilla y rozó sus labios con los míos. Esta vez no me olvidé de disfrutarlo. Entonces, como el enamorado fantasma que era, se marchó por el pasillo a oscuras y desapareció.

No sé cuánto tiempo estuve allí parada. Mi cuerpo estaba cambiando allí mismo en el pasillo de una escuela católica. Mis células se estaban afinando como los músicos en una orquesta y mi corazón era un coro. Era una ópera lo que yo estaba componiendo y quería quedarme muy quietecita y simplemente escuchar. Pero, desde luego, oí la voz de mi padre que hablaba con la monja. Estaba metida en un problema si él había tenido que preguntar por mí. Me di prisa en bajar las escaleras inventándome por el camino un cuento acerca de que me sentía enferma. Eso explicaría mi sonrojo y me garantizaría un poco de intimidad cuando llegara a casa.

Al otro día a la hora del desayuno *Father* anunció que en unas cuantas semanas se iba en su viaje de seis meses por Europa con la Marina y que al final del año escolar mi madre, mi hermano y yo iríamos a Puerto Rico a quedarnos medio año en la casa de Mamá (la madre de mi madre). Yo estaba destruida. Ésta era nuestra rutina normal. Siempre habíamos ido a quedarnos con Mamá cuando *Father* se ausentaba por largas temporadas. Pero este año era diferente para mí. Estaba enamorada y... mi corazón golpeaba contra mi pecho esquelético ante este pensamiento... ¿me amaba él también? Me eché a llorar y me levanté de la mesa.

La próxima semana descubrí la cruel verdad acerca de los padres. Ellos pueden seguir adelante con sus planes, no importan las lágrimas, las amenazas y el terrible espectáculo del corazón destrozado de una adolescente. Mi padre me dejó encargada a mi madre, quien empacaba impasiblemente mientras yo le explicaba una y otra vez que era una época crucial en mis estudios y que si me iba, toda mi vida estaría arruinada. Todo lo que ella decía era: —Eres una muchacha inteligente, te pondrás al día—. Tenía la cabeza llena de las visiones de casa y reuniones familiares, largas sesiones de chismes con su mamá y sus hermanas. ¿Qué le importaba el que yo estuviera perdiendo mi única oportunidad de un amor verdadero?

Mientras tanto traté desesperadamente de verlo. Pensaba que él también me estaría buscando. Pero las pocas veces que lo vi en el pasillo, siempre andaba de prisa. Pasarían largas semanas de confusión y dolor antes de que me diera cuenta de que el beso no había sido más que un pequeño trofeo para su ego. El único interés que él tenía en mí es que yo lo idolatraba. Se sentía halagado de que lo venerara en silencio y me había concedido un beso para complacerse a sí mismo y para avivar las llamas. Entonces aprendí una lección acerca de la batalla de los sexos que nunca he olvidado: el propósito no es ganar siempre, sino simplemente la mayor parte de la veces mantener al adversario (a veces sinónimo de "amado") conjeturando.

Pero ésta es una perspectiva demasiado cínica frente a ese irresistible arrebato de emoción que es el primer amor. Y al recordar mi propia experiencia, puedo ser objetiva sólo hasta el punto en que recuerdo cuán dulce era la angustia, cuán atrapada me sentí en el momento y cómo cada nervio de mi cuerpo participaba en este saludo a la vida. Más tarde, mucho más tarde, después de arrastrar el peso de mi amor a todas partes durante lo que pareció una eternidad, aprendí a hacerme invisible y a disfrutar de las pequeñas batallas que se requieren para ganar el mayor premio de todos. Y mucho más tarde, leí y entendí la declaración de Camus acerca del tema que concierne tanto al adolescente como al filósofo: si el amor fuera fácil, la vida sería demasiado sencilla.

El hábito de movimiento

Nutridos en el letargo de los trópicos,
la vida nómada no nos sentaba bien al principio.
Nos sentíamos como globos rojos lanzados a la deriva
sobre el ancho cielo de esta nueva tierra.
Poco a poco perdimos nuestra voluntad de conectar
y dejamos de coleccionar todo lo que pesara más
que un deseo.
Tomábamos lo que podíamos de los libros que prestaban
en templos griegos o en las ratoneras de la ciudad,
y los devolvíamos casi sin usar.

Llevábamos la idea de hogar en la espalda
de casa en casa, sin quedarnos nunca
bastante tiempo para aprender las formas
secretas de la madera y la piedra, y siempre
la mirada sin expresión de las ventanas sin cortinas
detrás de nosotros como los ojos de los muertos
por los cuales no se ha llorado.
Con el tiempo nos hicimos ricos de privación
y engordamos con la experiencia.
Según nos acercábamos pero no tocábamos a los otros,
nuestro hábito de movimiento nos mantenía a salvo
como un tren en marcha—

nada podía tocarnos.

Quinceañera

Pregunta: ¿Qué debe hacer una muchacha
para que los jóvenes anden
detrás de ella?
Respuesta: Irse delante de ellos.
Adivinanza puertorriqueña

Tenía quince años cuando fui a Puerto Rico por última vez siendo una niña. La próxima vez que visitara la Isla sería de recién casada, años más tarde. Ese último verano que formé parte de la tribu matriarcal de mi madre aprendí unas cuantas cosas sobre lo que significa convertirse en mujer en Puerto Rico.

De pequeña, la casa de mi abuela había parecido un laberinto de maravillas, con su colección de cuartos sin ton ni son, pocas puertas que cerraban con llave y el bullicio constante de tías, tíos y primos. A los quince años, resentida por haber sido arrancada otra vez de mi ambiente de New Jersey —sobre el cual yo pensaba que estaba empezando a triunfar con mi creciente dominio de sus reglas— me sentía sofocada por la multitud de familia en la casa de Mamá. Era un lugar donde pedir intimidad se consideraba de mala educación, donde la gente te preguntaba adónde ibas si tratabas de salir de un cuarto, donde una adolescente era vigilada a cada minuto por las mujeres que actuaban como si se llevara una especie de bomba de tiempo en el cuerpo que pudiera estallar en cualquier minuto; y peor, constantemente se te advertía acerca de tu comportamiento frente a los hombres: no cruces las piernas así cuando haya un hombre en el cuarto, no andes por ahí en tus pijamas, nunca interrumpas sus conversaciones. No importaba si los hombres eran mis tíos, mis primos o mi hermano. De alguna manera mi cuerpo, con sus nuevos contornos y sus nuevos poderes biológicos, lo había cambiado todo: medio mundo se había vuelto ahora una amenaza o se sentía amenazado por su potencial para el desastre.

La devastación causada por los cuerpos femeninos se me hacía evidente en todas partes ese verano. Uno de mis tíos, recién casado, todavía vivía en casa de Mamá con su esposa encinta a quien había que tratar con exasperante finura. Ella pedía cosas extrañas para comer y todo el mundo se mataba por conseguírselas, por miedo a que se enfadara y tuviera un parto difícil. Lloraba por cualquier cosa, tomaba siestas al mediodía y todo el mundo andaba de puntillitas hablando en susurros. Era evidente para mí que ella lo estaba pasando requetebién, aprovechándose de un embarazo perfectamente normal para actuar como una inválida. Cuando me quejé con mi madre en privado, aprendí que la mujer tenía derecho a reclamar atención cuando estaba esperando su primer hijo; la vida se pondría más que difícil más adelante.

Al otro lado de la calle vivía una joven madre menos afortunada. Nora era unos cuantos meses mayor que yo. Me acordaba de ella de la escuela en los últimos meses que había pasado en casa de Mamá. Ella siempre parecía más madura que las otras muchachas y no en balde. Tenía toda una tropa de hermanitos y hermanitas en la casa a los cuales tenía que cuidar mientras su madre trabajaba el último turno en una fábrica. Oí decir que había dejado la escuela en el primer año, para fugarse con un hombre que le doblaba la edad. Él nunca se casó con ella y ella regresó a la casa encinta y luciendo agotada y desanimada.

A menudo, sentada en el balcón de la casa de Mamá aquel verano para escaparme del caos en el interior, veía a Nora salir de la casa de vez en cuando. Solía cargar a su hijo en la cadera mientras barría con una mano o trabajaba en el huerto. ¿Tendría sólo dieciséis años? Su cuerpo estaba hinchado en una forma anormal, sus movimientos eran lentos, como si no tuviera energía ni voluntad. Me repugnaban su apariencia y su letargo. Sentía una rabia inexplicable cuando la veía.

Todos los días Mamá se levantaba a las cinco a trabajar en la casa. Se había dedicado al hogar desde que pudo andar, y como una autómata programada de por vida, siguió una rutina de trabajo y autosacrificio hasta su vejez. A pesar de ser la figura dominante en su casa— todas las decisiones prácticas que cualquiera de sus ocho hijos y su esposo tomaran tenían que ser aprobadas por ella— hasta el día de hoy ella cree que sobre todo, el trabajo redime la vida de una mujer: las manos ocupadas todo el tiempo, trabajando, trabajando, trabajando para los otros. Mamá se daba a sí misma y les daba a los otros poco tiempo libre. Sólo los pequeños estaban exentos de las tareas. Eran los únicos a quienes se les permitía perder tiempo: todos los demás tenían que estar ocupados mientras estuvieran en presencia de ella. Esta ética del trabajo se aplicaba a mí especialmente, debido a que en su opinión era una quinceañera y se me entrenaba para las exigencias de la feminidad y el matrimonio.

No era que Mamá apoyara el matrimonio como la única opción de la mujer; era todo lo que a ella se le había enseñado a esperar para sí misma, para sus hijas y, ahora, para sus nietas. Si una mujer no se casaba, se metía a monja o entraba a "la vida", de prostituta. Desde luego había algunas profesiones que una mujer podía practicar —enfermera, maestra— hasta que encontrara un hombre para casarse. El peor destino era quedarse sola (por esto entendía quedarse sin hijos, en vez de sin marido) en la vejez. Mamá nunca en su vida había estado sola. Aún ahora, cuando es una anciana, llena la casa de bisnietos siempre que es posible. Para ella la soledad significa la negación de la vida.

Y así el verano de mis quince años en Puerto Rico me resistí a aprender a cocinar alegando que me mareaba en el calor de la cocina. Por suerte había tantas cocineras disponibles en la casa que no me echaron de menos; sólo me pusieron en ridículo.

Todavía disfrutaba de escuchar a las mujeres hablando de su vida y todavía me deleitaban y memorizaba los cuentos de Mamá, pero para entonces empezaba a reconocer el subtexto de las insinuaciones sexuales, a detectar el sarcasmo y a encontrar las claves escondidas para sus verdaderos sentimientos de frustración en el matrimonio y en la vida estrictamente limitada de las mujeres en Puerto Rico.

Ese verano me cortejaron y me dieron serenatas en un estilo que me parece que prácticamente ha pasado de moda. Era 1967 y el resto del mundo parecía estar precipitándose de cabeza al futuro. Sin embargo, en este pueblo los jóvenes se llenaban los bolsillos con vellones para que cuando sus muchachas favoritas pasaran por la bodega céntricamente situada pudieran tocarles canciones de amor en la vellonera. Cada pareja sabía cuál era "su canción" después de muchas repeticiones. Sin chaperona o en la compañía de sus amigas, a la muchacha se le informaba de que se mantuviera reservada, que no mirara directamente al muchacho que por lo general se paraba a la entrada de la tienda. Si se trataba de un muchacho tímido, se le quedaba mirando fijamente a su amada; si era valiente, cantaba acompañado del disco, ocasionando la inmensa diversión y los bulliciosos comentarios de los otros hombres en la tienda. Era un emocionante ritual de hacer la corte, tanto elegante como descarado, para el cual yo no tenía preparación, ya que la versión del piropo que había en Paterson, los gritos, los silbidos y la poesía callejera a la que los hombres latinos someten a las mujeres, era radicalmente diferente de este dramático y romántico galanteo llevado a cabo sin torpeza y sorprendentemente aceptado por los adultos como parte de la carga de tener hijos adolescentes.

El arreglo era, por fin lo comprendí, que no podía haber comunicación directa entre la muchacha y el muchacho a menos que se tratara de amores en serio; de ser así, el muchacho les pediría permiso a los padres de la muchacha para visitarla y escoltarla (en grupos solamente) a los bailes, etc. Las parejas, desde luego, violaban esta regla lo más frecuentemente que podían.

Aprendí lo que se debe y lo que no se debe hacer en el juego por observación directa. A pesar de que tenía pocas amigas íntimas en el pueblo, tenía un tío que era sólo seis meses mayor que yo, y una tía, su hermana, que estaba en el último año de escuela secundaria, los dos enamorados ese año. Ambos me usaban de parachoques y de pretexto para ver a los objetos de su amor. Recuerdo una vez cuando mi tío me ofreció enseñarme a montar en bicicleta. Todos estaban sorprendidos de que me lo ofreciera ya que su actividad favorita era el béisbol y apenas se le veía el pelo en casa. Mi madre aceptó el ofrecimiento y un día salimos por el pueblo: yo iba de pasajera y él pedaleaba frenéticamente. Cuando llegamos al campo se paró para recobrar el aliento y para explicarme que íbamos a recoger a otras personas para ir a una merienda junto al río. Me dio instrucciones para que cuando paráramos la próxima vez frente a una casa, yo fuera a la puerta y preguntara por Carolina. Él se mantendría fuera de la vista. No tardé mucho en entender su plan. Yo era su pantalla. El tenía una cita con la muchacha a quien no le permitirían salir con un muchacho, pero si yo me hacía pasar por su compañera de clase, era posible que la dejaran.

Fue un día divertido según las otras parejas se nos unieron y yo recibí muchísima atención de un muchacho negro de nombre Wilson, quien, como yo, estaba sirviéndoles de pantalla a su hermana y a su amigo. De regreso, mi tío se sintió obligado a darme una lección en la bicicleta. Por desgracia, perdí el control en lo alto de una loma y me precipité en un matorral. Él venía detrás de mí gritándome que usara los frenos, pero en mi pánico se me había olvidado que estaban en el manubrio. La bicicleta quedó guayada y doblada, y yo recibí chichones y magulladuras que no pude esconder por mucho tiempo de la vigilancia de mi madre.

No hubo más viajes en bicicleta para mí después de ese incidente, pero las bicicletas continuaron desempeñando una parte importante en mi desarrollo ese verano.

Los muchachos del pueblo usaban las bicicletas como su contrapartida en los Estados Unidos usaban los carros deportivos. Pasaban corriendo frente a las muchachas que estaban persiguiendo; hacían proezas e imprudencias en ellas, pero mayormente se paseaban de arriba para abajo por la calle de la casa de las muchachas que habían escogido con la esperanza de divisarlas o de que precavidamente les hicieran un saludo con la mano. Esto solía suceder al atardecer, después de la comida, cuando se acababan los sudorosos partidos de béisbol, cuando los hombres habían terminado el día; después de que se habían lavado el polvo del campo de juego en el baño y se habían aplicado colonia y brillantina *Brillcream* generosamente.

En casa de Mamá los adultos tenían paciencia cuando mi tío, mi tía y yo monopolizábamos los baños y los tocadores por varias horas. Entonces mi tío se montaba en su vehículo ligeramente arañado y se iba a "ver a su mujer", quien estaría haciendo lo que mi tía y yo nos estábamos preparando para hacer: emperifollándonos nada más que para sentarnos en el balcón, con la esperanza de que los otros se quedaran en la sala a mirar las novelas. Era casi seguro que lo harían, puesto que las telenovelas puertorriqueñas creaban hábito tanto entre los hombres como entre las mujeres. A diferencia de las telenovelas que pasaban durante el día en los Estados Unidos, las novelas eran miniseries intensas cargadas de una historia de amor extremadamente dramática, repleta de traiciones, corazones destrozados, hijos rebeldes, madres sufridas y padres apuestos, hasta un final feliz, predecible pero espléndido. Son episódicas: perder el capítulo de una noche es como no sentarse en la cama al lado de un hijo enfermo o llegar tarde a la boda de la hija. Los personajes de estas novelas forman parte de las conversaciones diarias. En algunas ocasiones me daba trabajo mantener a los personajes de los cuales Mamá hablaba con gran emoción separados de los parientes que apenas conocía.

Pero el amor verdadero era más importante que las penurias de los desgraciados enamorados de las novelas, aunque el contraste entre los encuentros apasionados de los actores y los diálogos líricos, y el dar vueltas en silencio de los jóvenes en sus bicicletas parecen casi absurdos al recordarlos. Pero la emoción de ver aparecer al fondo de la calle a la persona anhelada no se podía comparar con ningún melodrama de televisión.

El novio de mi tía estaba a punto de formalizar las relaciones. Él también iba a entrar en el último año de escuela secundaria. Pronto sería un trabajador. Iba a aprender a guiar un camión. Estaba aprendiendo mecánica en la escuela. Sus planes eran conseguir un trabajo de chofer de largas distancias y de mecánico para un negocio americano. Entonces le pediría que se casara con él. Los dos lo sabían, sin embargo disfrutaban de los últimos días de su inocente noviazgo. Ella estaba radiante y me apretó la mano con fuerza en el balcón a oscuras tan pronto lo vio pasar despacio, sin darse prisa, casi deteniéndose en su lustrosa bicicleta. Era erótico este encuentro de las miradas, el delicado balanceo del joven en su máquina. Le apreté la mano. Sabía lo que estaba sintiendo. Pronto mis dos paladines estarían ejecutando sus danzas acrobáticas para mí también.

Sí, yo tenía dos admiradores: uno negro, otro blanco, los dos guapos. Wilson, a quien había conocido en mi desafortunada excursión con mi tío, me había estado tocando canciones en la bodega. Trataban de amores imposibles, puesto que yo era una "americanita", no sólo de piel clara, sino residente del norte. Me iría en unos cuantos meses. Me ponía *Paloma blanca* y cualquier otra canción que mencionara la palabra "blanca" o tratara el tema del abandono. Era un hermoso muchacho color ébano, cuyo encanto era bien conocido en todo el pueblo. Hasta a las mujeres mayores les parecía atractivo, un hecho que preocupaba a mi madre. Ella me advirtió que Wilson era "muy maduro" para su edad. Se limitó a decirme: —No le des demasiadas esperanzas—. Al principio, por haber vivido el antagonismo entre los negros y los puertorriqueños en Paterson, pensé que ella estaba actuando movida por el prejuicio contra el color del muchacho, pero pronto me di cuenta de que la raza no tenía nada que ver con su preocupación (por lo menos era lo que me daba a entender); era que acababa de enterarse de que Wilson estaba desarrollando rápidamente la reputación de mujeriego y tenía miedo de que violara los límites del decoro si yo le daba la oportunidad.

Por poco siento la tentación de hacerlo, estimulada por sus palabras de advertencia, pero me había enamorado perdidamente de Ángel Ramón, el otro muchacho. Tenía pelo rizo, ojos verdes y una sonrisa tímida. No decía nada, no me ponía discos en la bodega, pero su intensa mirada me ordenaba que lo amara. Rompí las reglas del decoro con él a la primera oportunidad y eso le puso fin al idilio.

Una tarde estaba sola en el balcón; mi tía se había ido a hacer no sé qué cosa con mi madre y Mamá. No recuerdo quién más estaba en casa, pero nadie me estaba vigilando. Esperé hasta que Ángel Ramón me clavó los ojos encima y me arriesgué. Me levanté de la silla y le hice señas para que me siguiera al jardín de la parte de atrás.

Con cara de susto, maniobró su bicicleta hacia la entrada. Estaba casi oscuro y lo que estábamos haciendo era peligroso. Esperé detrás de la casa, con el corazón latiendo violentamente y con la espalda contra una pared de cemento frío. Cuando lo vi doblando la esquina, lo llevé de la mano hacia las sombras. Entonces me di vuelta y levanté la cara para recibir un beso. Cerré los ojos y sentí su aliento y el sudor frío de la mano que yo todavía estaba agarrando, pero cuando le ofrecí mis labios para que me besara, se apartó y se fue.

Ángel Ramón desapareció de mi vecindario después de mi atrevimiento. Estaba abrumada, pero no se lo podía decir a nadie por temor a que me castigaran. Ni siquiera mi tía hubiera aprobado tal descaro de mi parte. Recé por tal que Ángel Ramón no regara la historia por el pueblo y me avergonzara. Más tarde me di cuenta de que él no podía decir nada tampoco: su hombría estaba en juego, había rechazado los favores de una mujer, aunque no era más que un beso lo que le había ofrecido. Si se enteraban, se habría convertido en blanco del acoso malsano de los otros muchachos por su cobardía. Yo había cometido un error terrible, había roto las reglas del juego, y había ahuyentado a mi dulce admirador. Cuánto apartó a este muchacho de las mujeres este imprudente acto mío, no lo sé; por suerte, el verano estaba llegando a su fin y podría regresar a climas más frescos —menos pasión y más lógica.

De vuelta en la ciudad, mientras bregaba con la lucha diaria del amor y la vida "al estilo americano" a veces pensaba en lo pausado que es el amor en el trópico; la sensualidad de permitir que tu corazón marque su propio ritmo; cómo se permite que el amor florezca como un rosal bien cuidado. Era una época lírica. Pero no me he olvidado de Nora tampoco, ni de lo muertos que se le veían los ojos, puesto que no tenía visión del futuro. La bebé que llevaba en la cadera ya puede tener sus propios hijos, y Nora, si llegó a pasar de los treinta, estará cargando a sus nietos. Todavía pienso en ella cuando pienso en mi verano de quinceañera y las muchas direcciones que la vida de una mujer puede tomar, con la palabra "amor" como la única señal que se ve en la encrucijada.

Acebo

Para Tanya a los once años

¿Alguna vez te dije
que el acebo no crece en ese lugar
tan caliente donde nací
y que a tu edad
me dio un beso a la fuerza
detrás de la casa de mi abuela
un niño de catorce años que cogí
robándole las toronjas?
Todavía verde, me dijo riéndose,
y me las tiró.
Por ese desperdicio
me echaron la culpa.
Ambos datos te serían difíciles de creer:
que la Navidad puede ocurrir sin nieve
ni luces brillantes
y que un niño quisiera besar a tu madre.
Me gustaría que no supieras de ese beso
por unos cuantos años, Tanya,
que tuvieras más días como
la mañana fría y despejada
cuando recogías brazadas de acebo silvestre
en la finca de Georgia de tu abuela
bajo un cielo helado, sin que nada
te distrajera
excepto el crujir de las hojas secas
mientras te adentrabas en el bosque.
Ramas de acebo llenan
todos los recipientes de la casa.
Quiero que se mantenga verde para ti;
tú quieres que se seque para hacer guirnaldas—
el que se esté poniendo marrón
no te molesta,
no te preocupas por las pepitas,
rojas como tus mejillas aquella mañana
cuando recogías las ramas,
que ahora se están cayendo
y según las pisamos con las botas de invierno,
manchan el piso como si fuera sangre.

Marina

De nuevo sucedió entre mi madre y yo. Desde su regreso a Puerto Rico después de la muerte de mi padre hace diez años, se ha vuelto completamente "nativa", retrocediendo a las cómodas tradiciones de su familia extendida y cuestionando todas mis decisiones. Todos los años nos hablamos con más formalidad y cada junio, al finalizar mi año académico, me invita a visitarla a la Isla — de modo que yo pueda ver todo lo que me estoy perdiendo.

Estas peregrinaciones anuales al pueblo de mi madre donde yo también nací, pero de donde salí a temprana edad, eran para mí símbolos del choque de culturas y generaciones que ella y yo representamos. Pero me hacía ilusión llegar a este hermoso lugar, el hogar soñado por mi madre durante toda su vida, ahora en peligro por la invasión del "progreso".

Situado en la costa oeste, nuestro pueblo es un lugar de contrastes: el pueblo original sigue siendo un centro pequeño de casas antiguas alrededor de la iglesia, que descansa en una loma, la misma donde un leñador dijo haber sido salvado de la embestida de un toro por una hermosa Señora morena que apareció flotando sobre la copa de un árbol. Allí vive mi madre, al pie de esta loma; pero rodeando esta escena de tarjeta postal hay centros comerciales, un Burger King, un cine. Y donde una vez los cañaverales se extendían como un mar verde tan lejos como pudiera abarcar la vista, condominios, cuadras de cemento en hileras, todos de la misma forma y el mismo color. Mi madre trata de no ver esta parte de su mundo. Las campanas de la iglesia ahogan el ruido del tráfico y cuando ella

se sienta en el balcón de atrás y mira hacia la antigua iglesia construida por las manos de generaciones de hombres
cuyos apellidos no reconocería, se siente a salvo, refugiada
en el pasado.

Durante los veinte años que pasó en "el exilio" en los
Estados Unidos, a menudo sola con dos niños, esperando a
mi padre, dedicó su tiempo y su energía a crear un "facsímil
razonable" de un hogar puertorriqueño, lo cual para mi
hermano y para mí significó que vivíamos una existencia
doble: hablábamos español en casa con ella, representando
nuestros papeles en su drama tradicional, mientras también
fingíamos asimilarnos diariamente en el salón de clases,
donde al comienzo de la década del sesenta no había tal
cosa como la educación bi-lingüe. Pero, para ser justos, no
éramos los únicos niños puertorriqueños que llevaban una
doble vida y siempre he agradecido haber conservado el
español. Mi problema empieza cuando mi madre y yo trata-
mos de definir y traducir palabras claves para ambas,
palabras como "mujer" y "madre". Yo también tengo una
hija, así como una profesión exigente como profesora y
escritora. Mi madre se casó cuando era adolescente y llevó
una vida de aislamiento y total devoción a sus obligaciones
de madre. Como Penélope, siempre estaba esperando,
esperando, esperando, el regreso de su marinero, el regreso
a su tierra natal.

Mientras tanto, crecí en el flujo social de los sesenta
en New Jersey y aunque tuve una dieta constante de
sueños sobre la vida en el trópico, me liberé de sus planes
para mí, conseguí una beca para ir a la universidad, me
casé con un hombre que apoyaba mi necesidad de trabajar,
de crear, de viajar y de vivir la vida como un individuo. Mi
madre se alegra de mis triunfos, pero a menudo se preocu-
pa por la cantidad de tiempo que paso lejos de la casa,
aunque me paso asegurándole que mi esposo es tan buen
padre como yo y que cocina mucho mejor. Su preocupación por mis obligaciones familiares a veces es fuente de

fricción en nuestra relación, la base de la mayor parte de nuestras discusiones. Pero, a pesar de nuestras diferencias, la echo de menos, y según se va acercado junio, ansío estar con ella en su casita llena de su vibrante presencia. Así que hago las maletas y voy a reunirme con mi amorosa adversaria en su esquina del paraíso al que tanto esperó para regresar y que está desapareciendo rápidamente.

Una tarde, después de una acalorada discusión, busqué la reconciliación con mi madre pidiéndole que fuera a dar un paseo conmigo por la calle principal del pueblo. Planeaba pedirle cuentos del pueblo y de sus viejos habitantes, algo que ambas disfrutamos por razones diferentes: a ella le gusta contarme de los tiempos pasados y yo tengo una insaciable curiosidad por la historia y la gente de la Isla que se han convertido en rasgos destacados de mi trabajo.

Habíamos estado caminando alrededor de la iglesia cuando vimos a un anciano de apariencia distinguida paseando cogido de la mano de una niñita. Mi madre me tocó en el brazo y me los señaló. Yo contemplé a la pareja mientras el anciano, esbelto y elegante como un bailarín de ballet, levantaba a la figurita engalanada de encaje rosado y la depositaba en un taburete en un café al aire libre.

—¿Quién es él?—le pregunté a mi madre, tratando de no quedármele mirando mientras fingíamos examinar el menú pegado en la ventana.

—Has oído su historia en casa de tu abuela.

Me tomó por el codo y me llevó a una mesa al fondo del café. —Te la contaré otra vez, pero primero te voy a dar una pista acerca de quién es: no siempre ha sido el hombre que es hoy.

Aunque su "pista" no fue de ayuda, de repente recordé el cuento que había oído muchos años antes de boca de mi abuela, quien había empezado el cuento con palabras similares: —La gente no siempre es lo que parece, eso es algo que todos hemos oído, pero ¿han oído ustedes del que acabó siendo lo que era pero no lo que parecía?— O algo por el estilo. Mamá podía hacer que cualquier historia — no tenía que ser tan extraña ni fascinante como ésta— se volviera todo un acontecimiento. Le dije lo que sospechaba a mi madre.

—Sí —asintió con la cabeza— regresó al jubilarse. Sabes que ha vivido en Nueva York desde antes de que tú nacieras. ¿Te acuerdas del cuento?

Mientras continuábamos nuestro paseo, mi madre me volvió a contar el dramático cuento de su madre sobre un famoso incidente que había sacudido al pueblo cuando Mamá era joven. Yo lo había oído de niña, cautivada a los pies de mi abuela.

En la época en que Mamá era una niña, nuestro pueblo todavía no había sido tocado por el progreso. El culto a la Virgen Morena se había fortalecido según los peregrinos viajaban de todas partes de la Isla para visitar el santuario, y la Iglesia predicaba castidad y modestia como las principales virtudes de las hijas del pueblo. A las niñas adolescentes no se les permitía ir a ninguna parte sin sus madres o dueñas —excepto a cierto río donde ningún hombre se podía acercar.

El Río Rojo, el río que corría alrededor de la montaña sagrada donde la Virgen se había aparecido, estaba reservado para las muchachas solteras del pueblo. No era más que una quebrada, en realidad, pero cristalina, y estaba rodeada de un bosque espeso donde se podían encontrar las flores y las hierbas más aromáticas. Este era un lugar para mujeres, un escenario bucólico donde ningún macho de verdad querría que lo vieran nadando ni pescando.

La naturaleza había decorado el lugar como si fuera un tocador: los flamboyanes extendían sus ramas bajas para que las muchachas colgaran la ropa y la hierba musgosa crecía como una mullida alfombra verde por todo el camino hasta llegar a las piedras lisas donde podían tomar el sol como favoritas en un harén virginal.

Como a los quince años Mamá era "crecida", llevaba a sus hermanas y a otras muchachas del pueblo a bañarse allí en las calurosas tardes de verano. Era un lugar de conversaciones en secreto y juegos ruidosos, libres de madres y chaperonas, un lugar donde podían hablar de muchachos y donde podían deleitarse con sus cuerpos. En el río, las jóvenes se sentían libres para conjeturar sobre la secreta relación entre sus dos intereses: sus cuerpos en transformación y los muchachos.

El sexo era un tema prohibido en su vida, sin embargo éstas eran las mismas muchachas que serían entregadas en matrimonio a desconocidos antes de que hubieran salido de la niñez. En un sentido, las traicionaban sus propios padres que no podían resignarse a explicarles a sus queridas hijas ni los deleites ni las consecuencias del sexo. La práctica prevaleciente era casarlas bien tan pronto llegaran a la pubertad —porque la naturaleza tomaría su curso de una manera o de otra. Había que evitar el escándalo costara lo que costara.

En el río, el grupo de muchachas con quienes Mamá creció chillaban y salpicaban despidiendo los últimos días preciados de la niñez. Se lavaban el pelo una a la otra mientras se sentaban como ninfas morenas sobre las rocas lisas en el agua poco profunda. Tenían la libertad de bañarse desnudas, pero algunas de ellas no podían romper con toda una vida de entrenamiento en el pudor y se dejaban los refajos y las pantaletas puestos. Una de las más tímidas era Marina. Era la mimada de todo el mundo.

Marina era una preciosa joven con la piel café con leche y los ojos verdes. Su cuerpo era esbelto y su abundante pelo negro indio le colgaba hasta la cintura. Su voz era tan dulce que había que acercársele mucho para oír lo que estaba diciendo durante las raras ocasiones en que hablaba. Todos trataban a Marina con especial consideración, puesto que ya había conocido bastante tragedia para la época en que llegó a la adolescencia. Era debido a las circunstancias traumáticas de su nacimiento, así como a lo difícil de su vida con una madre solitaria, creían todas las muchachas, que Marina era tan reservada y melancólica al finalizar los quince años. Con seguridad estaba destinada para la vida conventual, todas murmuraban cuando Marina se iba, como hacía a menudo, a sentarse sola en la orilla y a observarlas con sus grandes ojos tristes y húmedos.

Marina tenía manos finas y a todas las muchachas les gustaba que ella les trenzara el pelo al final del día. Se peleaban por el privilegio de sentarse entre sus piernas mientras Marina hacía correr sus largos dedos por el pelo como una violoncelista que toca una dulce melodía. Fue causa de muchos celos aquel último verano antes del compromiso de Mamá (lo cual quería decir que era el último verano en que ella podría jugar en el río con sus amigas) cuando Marina escogió asociarse únicamente con Kiki, la hija de catorce años del alcalde que por fin había recibido permiso de sus estrictos padres para bañarse con las muchachas del pueblo en el río.

Kiki se veía como un pez pálido entre los renacuajos dorados en el agua. Venía de una familia española que creía en mantener la genealogía pura y había pasado toda su niñez a la fresca sombra de mansiones y escuelas de monjas. Había venido al pueblo a prepararse para su debut en sociedad, su fiesta de quinceañera, en la cual se vestiría como una princesa y sería exhibida ante los solteros elegibles de la Isla como novia en potencia.

Echando de menos la compañía de muchachas de su edad y cansada de la monotonía de las tardes en el balcón con su refinada madre, Kiki había ejercido presión sobre su padre para que le diera un último día de fiesta con las otras muchachas, a las cuales veía pasar por la mansión, cantando y riéndose cuando iban rumbo al río. Su padre empezó a ver la sabiduría de su idea cuando ella le mencionó lo democrático que se veía a los ojos de los padres de las muchachas que la hija del alcalde se reuniera con ellas en el río. Por fin, él estuvo de acuerdo. La madre se metió en la cama con un dolor de cabeza de sólo pensar en que su hermosa hija se quitara la ropa delante de los zafios engendros de los electores de su esposo: partida de campesinos incultos y sus mujeres curtidas del sol.

Kiki se quitó toda la ropa con regocijo tan pronto como el grupo llegó al río. Entró corriendo al agua lanzando encaje, raso y seda al aire. Se comportaba como un pájaro a quien se le había abierto la puerta de la jaula por primera vez. Las muchachas se reían al verle las pecas en los hombros, los pezoncitos rosados, como capullos de rosa, el pelo dorado. Pero como era la hija del alcalde, no se atrevían a acercársele. Se portaban como sus sirvientas más que como sus amigas. Kiki habría parado sola otra vez de no haber sido por Marina.

Marina estaba pasmada ante la exuberante Kiki y Kiki se sentía atraída por la muchacha callada que con tal anhelo observaba a las otras jugar. Pronto las dos fueron inseparables. Marina tomaba el pelo mojado de Kiki, como oro fundido, en sus manos morenas y lo tejía en dos trenzas perfectas que sujetaba con horquillas en la cabeza de la muchacha como una corona. Era fascinante observar cómo las dos se acoplaban sin decir una palabra, como compañeras en un *pas de deux*.

Era una época idílica, hasta que una tarde Marina y Kiki no regresaron al río de una excursión al bosque adonde supuestamente habían ido a recoger flores. Mamá y sus amigas las buscaron hasta que casi se hizo de noche, pero no las encontraron. El alcalde fue personalmente a notificarle a la madre de Marina la situación. Lo que encontró fue una mujer que había caído permanentemente en silencio: recluida en un secreto lugar de sombras en el cual quería permanecer.

Fueron los acontecimientos de una noche hace mucho tiempo los que la hicieron abandonar el mundo.

La madre de Marina había perdido a su joven marido y había dado a luz a su primer hijo prematuramente la misma noche. La noticia de que su esposo se había ahogado en un accidente mientras pescaba le había provocado un parto tormentoso. Había tenido un hijo, un niñito chiquitito, sin ningún defecto, pero enfermizo. La nueva madre, con el cuerpo y la mente debilitados por tanto dolor, había decidido que prefería a una hija para compañía. Como una histérica, le había suplicado a la ansiosa comadrona que guardara el secreto. Y tan pronto como fue capaz de caminar a la iglesia, hizo que vistieran a la criatura con un vaporoso vestido largo y que la bautizaran con el nombre de Marina. Viviendo como una reclusa, a lo cual tenía derecho por ser viuda, y asistida por su leal enfermera, y más adelante, por su callada y obediente Marina, la mujer se había escapado fácilmente de la realidad.

Para la época en que Marina tenía edad suficiente para descubrir las diferencias entre su cuerpo y el de sus amigas, la madre se había olvidado completamente de que había dado a luz un hijo. De hecho, la pobre se había horrorizado al descubrir a un hombre bajo su techo. Y de esa forma Marina guardó las apariencias, aguardando los dictados de su cuerpo año tras año. El verano que Kiki se unió a las bañistas en el río, Marina había tomado la decisión de huir de su casa. Había estado atormentada hasta que la muchacha rubia había aparecido como un ángel, trayéndole el bálsamo de su presencia y el dulce roce de sus manos.

El alcalde encontró a la mujer sentada tranquilamente en una mecedora. Parecía una figura de cera vestida con la ropa de luto de una viuda. Sólo las manos elegantes se movían mientras tejía el cuello para el vestido de una niñita. Y aunque les sonrió respetuosamente a los hombres que hablaban en alta voz en su sala, permaneció en silencio. El silencio era el lugar donde había vivido durante años y nadie la podría sacar de allí ahora.

Furioso, el alcalde amenazó con arrestarla. Por fin la vieja enfermera confesó toda la triste historia, para horror del alcalde y sus hombres. Ella le entregó un sobre que decía Papá y Mamá escrito en la letra de Kiki. En una última muestra de control, el alcalde se llevó la carta sellada a la casa para leerla en la intimidad de la mansión familiar, donde su esposa lo estaba esperando, todavía bajo la impresión de que las dos muchachas habían sido raptadas por razones políticas.

La carta de Kiki explicaba brevemente que ella y Marino se habían fugado. Se habían enamorado y nada ni nadie podría hacerlos cambiar de idea en cuanto a casarse. Ella había vendido su collar de perlas, herencia de familia que sus padres le habían dado para que se lo pusiera en su fiesta de quinceañera, y estaban usando el dinero para sacar los pasajes en el próximo buque de vapor que saliera de San Juan para Nueva York.

El alcalde no finalizó su mandato. Él y su esposa, ahora una ermitaña, se exiliaron en España.

—¿Y Marina y Kiki? —le pregunté a Mamá, anhelando más detalles sobre Kiki y Marino. —¿Qué les pasó?

—¿Qué le sucede a cualquier matrimonio? —Mamá había contestado, poniéndole punto final a su cuento. —Tuvieron varios hijos, trabajaron, se pusieron viejos...— Se rió de mi ingenuidad.

Al pasar por el pueblo de regreso de nuestro paseo, *Mother* y yo volvimos a ver a Marino con su linda nietecita. Esta vez la estaba alzando para que oliera una rosa blanca que crecía en una enredadera alrededor de la rama de un árbol. La niña se llevó la flor cuidadosamente a la nariz y la olió. Entonces el anciano puso a la niña con cuidado en el suelo otra vez y continuaron su paseo, parando para examinar cualquier cosa que atrajera la atención de la niña.

—¿Tú crees que fue un buen marido? —le pregunté a mi madre.

—Él sabría lo que se necesita para hacer a una mujer feliz, ¿no crees? —dijo mientras volteó la cara hacia mí y me guiñó un ojo en señal de camaradería.

Mientras observaba al elegante señor y a la niñita, me imaginé a Marina sentada a solas a la orilla de un río, con el corazón destrozado por el dolor y las ansias desenfrenadas, escuchando a las muchachas hacer preguntas que él podría haber contestado; guardando silencio; aprendiendo paciencia, hasta que el amor le diera el derecho a reclamar su cuerpo original y su destino. Sin embargo, nunca olvidaría las lecciones aprendidas junto al río o cómo tratar las cosas frágiles. Miré a mi madre y me sonrió; ahora teníamos un nuevo lugar desde donde empezar a buscar juntas el significado de la palabra *mujer*.

Terreno en común

La sangre cuenta la historia de tu vida
en latidos según la vives;
los huesos hablan en la lengua
de la muerte y la carne adelgaza
con la edad cuando
por los poros te sube la sustancia
de tu origen.
    En estos días,
cuando me miro al espejo veo
los labios firmes de mi abuela
hablando en paréntesis en las comisuras
de mi boca de dolor y privación
que nunca he conocido. Reconozco
las cejas de mi padre que forman un arco
al menospreciar los objetos de mi vanidad,
las manos nerviosas de mi madre
alisando las arrugas que empiezan
a aparecer en mi piel,
como flechas que apuntan hacia abajo
hacia nuestro terreno en común.

La última palabra

—Yo hice eso —dice mi memoria.
—Yo no —dice mi orgullo; y la memoria cede.
Nietzsche, *Más allá del bien y el mal*

Mi madre abre el álbum de fotografías en la página donde hay una fotografía de mi padre cuando era muy joven en uniforme del ejército. Me dice: —Todavía no habías conocido a tu padre cuando se sacó esta foto. Salió para Panamá cuando yo tenía dos meses de encinta de ti y no regresó hasta que tenías dos años.

Tengo mis propios "recuerdos" de esta época de mi vida, pero decido hacerle unas cuantas preguntas de todos modos. Siempre me fascina oír su versión del pasado que compartimos, ver los tonos pastel con los que escogerá pintar la "tarde de verano" de mi niñez.

—¿Cómo reaccioné ante su regreso? —le pregunto a mi madre, cuyos ojos ya están nublados de dolor y cariño por su esposo, mi padre, muerto en un accidente automovilístico hace más de diez años. En el álbum hay unas cuantas fotos de él en su edad madura. Ella prefiere recordarlo como el niño dorado con quien se casó, eternamente joven en su uniforme militar, que regresaba a casa cargado de regalos de lugares exóticos para nosotros.

—Tú eras la niñita más feliz de la Isla, creo yo —dice sonriendo y mirando su foto. —Después de unos cuantos días de familiarizarse el uno con el otro, ustedes dos eran inseparables. Él te llevaba adondequiera que iba.

—Mother... — Apesar de mi resolución, me irrita la desigualdad de los recuerdos que tenemos de este acontecimiento. —¿Hubo una fiesta para él cuando regresó? ¿Asaron un lechón en el patio? Recuerdo un fuego... y un accidente... en el cual yo estuve involucrada.

Ella alza los ojos para encontrar los míos. Parece ligeramente sorprendida.

—Tú no eras más que una bebé... ¿qué es lo que tú crees que pasó ese día?

—Recuerdo que me pusieron en una cuna y me dejaron sola. Recuerdo mucha gente que hablaba, música, risas—. Quiero que ella termine el cuento. Quiero que mi madre me diga que lo que yo recuerdo es verdad. Pero ella también es terca. Sus recuerdos son preciados para ella y aunque acepta mis explicaciones de que lo que escribo en mis poemas y en mis cuentos es mayormente el producto de mi imaginación, quiere que ciertas cosas que ella cree que son verdad permanezcan sagradas, sin que mis ficciones las toquen.

—¿Y qué accidente es el que recuerdas? ¿Qué crees tú que pasó en la fiesta por el regreso de tu padre?— Su voz ha tomado el tono implacablemente serio que siempre me ha hecho tragar fuerte. Está a punto de corregirme. Decido avanzar. Esto no es más que un experimento, me digo. Estoy cambiando impresiones sobre el pasado con mi madre. Esto se puede llevar a cabo sin resentimiento. Después de todo, las dos somos adultas inteligentes.

—Me salí de la cuna y caminé para afuera. Creo... que me caí en el fuego.

Mi madre mueve la cabeza. Ahora está enojada y, peor, decepcionada de mí. Pasa las páginas del libro hasta que encuentra la foto de mi cumpleaños. Poco después de regresar de Panamá, se supone que mi padre gastó un montón de dinero dándome la fiesta de cumpleaños más lujosa que jamás se había visto en nuestro pueblo. Quería compensar por todos los buenos tiempos que nos habíamos perdido de pasar juntos. Mi madre me ha contado la historia docenas de veces. Hay muchas fotos que documentan el acontecimiento. Cada vez que visito a un pariente alguien saca un álbum y me enseña una cara que me he aprendido de memoria: la de una niña de dos años muy seria, con un elegante vestido que le envió una tía desde Nueva York expresamente para la ocasión, rodeada de juguetes y adornos, frente a un bizcocho inmenso y recargado. En ninguna de estas fotos me estoy sonriendo.

Mi madre voltea el álbum hacia mí. —¿Dónde estás quemada? —pregunta, haciendo que un poco de ironía acentúe el dolor de su voz. —¿Te parece que esa niña fue abandonada en algún momento?

—Entonces, ¿qué fue lo que de veras pasó ese día, Mami?— Vuelvo a mirar la cara de la niña de dos años. Hay una celebración en torno a ella, pero sus ojos —y mi memoria— me dicen que ella no es parte de la fiesta.

—Hubo un pequeño accidente que tuvo que ver con fuego ese día, hija—, dice mi madre con una voz más dulce. Ella es la Guardiana del Pasado. Como testigo principal de mi niñez, tiene el poder de refutar mis reclamaciones.

—Esto es lo que pasó. Estabas fascinada con un libro inmenso que trajo tu padre de sus viajes. Creo que un diccionario. No te lo podíamos arrancar de las manos, aunque era tan grande como tú. Te quité los ojos de encima por un momento, un momentito, nada más, Hija, y de alguna manera arrastraste el libro hasta el hoyo donde estábamos asando un lechón, y lo echaste allí.

—¿Tú sabes por qué hice eso, *Mother*?— Tengo curiosidad de oír su explicación. Recuerdo vagamente menciones previas a un libro valioso que yo supuestamente hice desaparecer hace muchísimo tiempo.

—¿Por qué los niños hacen las cosas que hacen? El fuego te llamó la atención. Tal vez querías atención. No lo sé. Pero —hace aguaje con el dedo de que me está acusando— si tú recuerdas la sensación de que te estabas quemando, el lugar del fuego fue tu traserito después de que te di un buen pan-pan para asegurarme de que nunca más volverías a tratar de hacer nada parecido.

Las dos nos reímos por el uso de la palabra infantil para referirse a dar una pela, que no le había oído decir en treinta años.

—¿Eso es lo que pasó de veras?

—Es la pura verdad —dice ella.

Pero no es así que yo lo recuerdo.

Lecciones del pasado

Para mi hija

Nací el año que mi padre aprendió a llevar el paso
con otros hombres, a tirar al blanco, a posar para fotos sepia
de uniforme frente a salas de fiesta panameñas—
las que mandaría a casa de su desposada adolescente y encinta
dedicadas:

A la que más quiero.

Mi nacimiento la convirtió en madona, una joven sin marido
con una niña legítima, envidiada por todas las mujeres cansadas
del pueblo mientras paseaba mi cochecito por los caminos sin
embrear,
vestidas las dos con ropa fina comprada con cheques del ejército.

Cuando él volvía a
casa,
traía regalos: pijamas de seda del oriente para ella; una cuna
de hierro rosada para mí. La gente llenó la casa para darle la
bienvenida.
Él tocaba a Elvis a todo volumen y cantaba con su nuevo inglés.
Ella se le sentaba en la falda y se reía de todo.
Asaron un lechón en el patio. Más tarde,
nadie me pudo explicar cómo me trepé por las barras de hierro
y fui a parar al fuego. Me levantaron una manos rápidamente,
pero no antes
de que las llamas me hubieran lamido los rizos.

Hay una foto mía
sacada poco después: tengo el pelo cortito pegado a la cabeza,
los ojos enormes —a punto de derramarse del miedo.
Parezco una miniatura de una de aquellas mujeres
en París después de la Segunda Guerra Mundial, con el pelo
rapado,
a quienes hicieron desfilar por las calles para humillarlas
por haber amado al enemigo.

Pero entonces las cosas
cambiaron
y algunas noches él no volvió a la casa. Recuerdo
oírla llorando en la cocina. Me sentaba en la mecedora
a esperar mi chocolate, aprendiendo a contar uno, dos, tres
cuatro, cinco, con los dedos de los pies. Para que cuando
él llegara,

con un olor fuerte y dulce como de guarapo de caña,
pudiera sorprender a mi Papacito—
a quien le gustaba que sus muchachas fueran inteligentes y que no
fueran lloronas—

con una nueva lección, bien aprendida.

593827.04679